AF269818

Derej Jojmá

Rabí Moshé Jaim Luzzatto

Derej Jojmá

EDICIONES OBELISCO

Si este libro le ha interesado y desea que lo mantengamos informado de nuestras publicaciones, escríbanos indicándonos qué temas son de su interés (Astrología, Autoayuda, Ciencias Ocultas, Artes Marciales, Naturismo, Espiritualidad, Tradición...) y gustosamente lo complaceremos.

Puede consultar nuestro catálogo en www.edicionesobelisco.com

Colección Cábala y Judaísmo
Derej Jojmá
Rabí Moshé Jaim Luzzatto

1.ª edición: mayo de 2013
2.ª edición: julio de 2022

Título original: *Derej Jojmá*

Traducción: *Rabí Aharon Schlezinger*
Diseño de cubierta: *Marta Rovira Pons*
sobre una ilustración de *Arthur Sayk*

© 2013, Ediciones Obelisco, S. L.
(Reservados los derechos para la presente edición)

Edita: Ediciones Obelisco, S. L.
Collita, 23-25. Pol. Ind. Molí de la Bastida
08191 Rubí - Barcelona
Tel. 93 309 85 25
E-mail: info@edicionesobelisco.com

ISBN: 978-84-9111-888-6
Depósito Legal: B-9.969-2013

Printed in Spain

Impreso en España en los talleres gráficos de Romanyà/Valls S. A.
Verdaguer, 1 - 08786 Capellades (Barcelona)

Introducción

Rabí Moshé Jaim Luzzatto nació en Padua, Italia, en el año 1707. Era hijo de Jacob Luzzatto y Diamante. Su progenitor fue un gran estudioso de la Torá, y también un próspero comerciante. Por eso pudo enviar a su hijo a estudiar con los mejores maestros.

Rabí Moshé Jaim, conocido popularmente por las siglas Ramjal, fue educado desde su infancia según la tradición judía ancestral. Aprendió con gran rapidez los versículos de la Torá escrita y también su explicación. Asimismo, estudió con mucha devoción y esmero la Mishná, que es la base de la Torá oral, y lo mismo hizo con las enseñanzas del Midrash, que aprendió con gran pasión y entusiasmo. Después se abocó al estudio del Talmud, la monumental obra recopilada por Rabiná y Rab Ashi, que explica las enseñanzas de la Mishná.

También aprendió idiomas. Siendo muy joven ya dominaba el latín, el italiano, el francés y el griego, además del hebreo y el arameo. Como complemento aprendió también ciencias y filosofía.

El maestro de Ramjal

El maestro que le enseñó Torá durante su juventud fue Isaías Bassan, un renombrado erudito considerado uno de los rabinos más importantes de Italia. Rabí Isaías conocía perfectamente las exégesis talmúdicas, así como los análisis y las resoluciones de los legisladores talmudistas; y no sólo era experto en esos campos, sino también en todas las demás áreas de la Torá. El joven Moshé Jaim se apegó a su maestro y aprendió mucho de él. Le enseñó a comprender los pasajes difíciles del Talmud, la razón y el sentido de las discusiones de los sabios, los planteamientos, las objeciones, su interpretación, y el modo de esclarecer la ley.

Rabí Isaías Bassan le enseñó lo que él sabía de todas las áreas de la Torá, y veía que el joven Moshé Jaim jamás se saciaba. Siempre deseaba saber más. Constantemente demostraba ansias de acceder a temas más profundos, y amaba rebuscar en la biblioteca para hallar libros que aún no había leído.

Además, desde muy temprana edad, Rabí Moshé Jaim Luzzatto mostró un talento excepcional para el estudio de la Cábala. Siendo un adolescente, con tan sólo catorce años de edad, ya había estudiado toda la obra del gran sabio cabalista Rabí Isaac Luria, conocido popularmente mediante las siglas de Arizal.

A la edad de diecisiete años, Ramjal escribió el libro *Lashón Limudim,* en el que manifestó una gran capacidad y una excepcional habilidad en el uso de metáforas y asonancias.

La emigración a Holanda

En 1735 Ramjal tuvo algunas dificultades a raíz de sus obras cabalísticas, pues hubo rabinos que presentaron oposición a esos escritos, y abandonó Italia. Se trasladó a Ámsterdam, Holanda, donde fue recibido con grandes honores. Si bien le ofrecieron propuestas de ayuda económica, no las quiso aceptar, y se dedicó a trabajar el vidrio para ganar su sustento.

Esta actitud de Ramjal marcaba un camino que después transmitiría a sus discípulos, y afirmaría en sus obras. Era una ideología fundamentada en una importante discusión talmúdica. Como fue enseñado por los sabios: está escrito: «Yo proporcionaré lluvia para vuestra tierra en su tiempo, las primeras y las últimas lluvias, y cosecharás tu grano, tu vino y tu aceite» (Deuteronomio 11:14). ¿Qué se aprende de la declaración: «y cosecharás tu grano»? Considérese que está dicho: «No se apartará el libro éste de la Torá de tu boca» (Josué 1:8). ¿Es posible suponer que este asunto deba comprenderse literalmente –o sea, hay que ocuparse siempre de la Torá y no del sustento–? Aprendes del versículo: «y cosecharás tu grano». Enseña que debes comportarte con ellas, las palabras de la Torá, en el camino de la tierra, o sea, en el trabajo. Esto, según las palabras de Rabí Ishmael.

Rabí Shimón, el hijo de Iojai, decía: ¿Es posible que el hombre labre en el momento de labrar, siembre en el momento de la siembra, coseche en el momento de la cosecha, trille en el momento de trillar, y avente cuando sopla el viento? ¿Qué será de la Torá? Considerad que cuando los Hijos de Israel hacen la voluntad del Omnipresente, el trabajo de ellos es realizado a través de otros, como está escrito: «Y extraños apacentarán vuestras ovejas, y extranjeros serán vuestros labradores y vuestros viñadores» (Isaías 61:5). Y cuando los Hijos de Israel no hacen la voluntad del Omnipresente, el trabajo de ellos es realizado a través de ellos mismos, como está dicho: «y cosecharás tu grano».

Dijo Abaie: muchos hicieron como enseñó Rabí Ishmael y tuvieron éxito. Otros hicieron como enseñó Rabí Shimón, el hijo de Iojai, y no tuvieron éxito.

Raba dijo a los sabios que estudiaban con él: «Con vuestro permiso: en los días de Nisán –cuando se cosecha–, y en los días de Tishrei –cuando se siembra–, no aparezcáis ante mí, para que no estéis preocupados por vuestro sustento durante todo el año» (Talmud, tratado de Berajot 35b).

Muchos exegetas y legisladores analizaron esta discusión talmúdica. En el Código Legal –*Shulján Aruj*–, se estableció: después –de ir a la sinagoga, estudiar y desayunar–, el hombre debe dirigirse a sus ocupaciones, pues toda Torá que no está acompañada de trabajo, finalmente se anulará y provocará el pecado, ya que la pobreza lo hará pasar por encima del conocimiento de su Amo. De todos modos, no debe hacer de su trabajo lo principal sino algo pasajero, y a su Torá fija, entonces tendrá éxito en ambas cosas. (Shulján Aruj: *Oraj Jaim* 156:1). También existen legisladores que consideran la enseñanza de Rabí Shimón, el hijo de Iojai, para casos específicos de personas que desean estudiar la Torá continuamente, y tienen la posibilidad de hacerlo *(véase* Biur Halajá *ibíd.*).

Apreciamos que la actitud de Ramjal estaba muy bien fundamentada, y marcaba un camino concreto y perfectamente definido.

La obra del Ramjal

En Ámsterdam escribió una gran cantidad de obras literarias. Se estima que en total escribió unos ochenta libros, en los cuales manifestó conocimientos excepcionales, y muy profundos, de todos los campos de la Torá. Asimismo, manifestó grandes dotes poéticas, y una excepcional capacidad para la elaboración de diálogos. Con 39 años, se trasladó a la Tierra de Israel, estableciéndose en el norte, en la ciudad de Aco. Pero, a raíz de una epidemia, falleció al poco tiempo de llegar. Fue sepultado en la ciudad de Tiberiades, junto al célebre sabio talmudista Rabí Akiva.

Éstas son algunas de sus obras literarias:

Adir Bamarom o «El más poderoso en las alturas» está basado en la cita bíblica que declara: «El Eterno es el más poderoso en las alturas, más que el estruendo de las muchas aguas, más que las poderosas olas del mar» (Salmos 93:4). En esta obra el Ramjal explicó misterios recónditos de *La Idra Raba,* un texto cabalístico, y muy profundo, que aparece en el Zohar.

Mesilat Iesharim o «La senda de los justos» es una obra de moral y ética escrita con una precisión asombrosa. Contiene veintiséis capítulos, como el valor numérico del Tetragrama.

Derej Hashem o «El camino de Dios» aborda el tema de la cosmovisión de la realidad, la relación de la condición humana con el mundo, y también lo concerniente al cumplimiento de los preceptos. Se analizan los fundamentos de la existencia, el propósito de la creación, el misterio de la Providencia Divina, el alma y lo sobrenatural, como el estudio de la Torá, y los fundamentos del amor y temor a Dios.

Derej Tevunot o «El camino del entendimiento» es una guía práctica para iniciarse en el estudio del Talmud. Incluye técnicas para orientar correctamente el razonamiento y la interpretación de las enseñanzas talmúdicas. Asimismo, se explican los fundamentos de las discusiones talmúdicas.

Daat Tevunot o «el conocimiento del entendimiento» es un diálogo entre la mente y el alma. Se tratan temas cabalísticos y los fundamentos esenciales de la Influencia Divina, el castigo y la recompensa, la llegada del Mesías, y la resurrección de los muertos.

Daat Tevunot II aborda el tema del carácter del hombre, y el propósito de éste en el mundo. Se analiza, asimismo, la procedencia del hombre, señalándose que proviene de una sabiduría inmensa e insondable, explicándose que El Creador creó gran cantidad de cosas, siendo todas ellas indispensables, no habiendo nada que hubiera sido creado en vano. Sin embargo, todas están sujetas a lo que haga el hombre con ellas en su servicio Divino, para rectificar la creación y elevarse gradualmente hasta unirse a la santidad de Dios.

Sefer Haklalim o «El libro de las reglas» contiene profundas enseñanzas místicas y las bases de los fundamentos cabalísticos. Está redactado en prosa, y no a modo de diálogo, como muchas de las obras de Ramjal.

Klaj Pitjé Jojmá o «Las 138 puertas de la sabiduría», tal y como se indica en el título a modo de insinuación, tiene 138 capítulos. En cada capítulo se abre un fundamento cabalístico específico, y se continúa con su interpretación y explicación.

Derej Etz Hajaim o «el camino del Árbol de la Vida» es una introducción a la Cábala, en la que se manifiesta la importancia de aprender esa ciencia.

Derej Jojmá o «El camino de la sabiduría» explica el objetivo y la correcta orientación del estudio de la Torá.

Mishkeré Elión o «Las moradas del Altísimo» está basado en el pasaje bíblico que declara: «El río cuyas corrientes alegran la Ciudad de Dios, el Santuario de las moradas del Altísimo» (Salmos 46:6) y describe el aspecto del Tercer Templo sagrado según las enseñanzas de la Cábala.

Zohar Tiniana: Zohar es el famoso libro de Cábala cuyo autor es Rabí Shimón, el hijo de Iojai, y *tiniana* significa «segundo». En esta obra, hoy desaparecida, fueron explicadas muchas de las enseñanzas del Zohar.

Maamar Havikuaj o «El discurso de la discusión» es una discusión entre un filósofo y un cabalista, acerca de la ciencia verdadera.

Sefer Pitjé Jojmá Vadaat o «El libro de las puertas de la sabiduría y el entendimiento» contiene pautas fundamentales de la Cábala. Está redactado en forma concisa y con mucha precisión.

La Senda de los Justos

El libro más famoso de Ramjal es sin lugar a dudas *La Senda de los Justos*. La cantidad de ediciones que se hicieron de esta obra es enorme, y fue traducida a varios idiomas. Se encuentra en, prácticamente, todas las academias de estudio del mundo. Es un libro considerado básico y elemental.

El gran sabio Eliahu de Vilna, conocido popularmente como el Gaón de Vilna, pagó una alta suma de dinero para adquirir el libro, y cuando lo leyó, elogió mucho al autor, y dijo que una gran luz irradió en el mundo.

El famoso erudito Iejezkel Serna, nacido en Minsk, Rusia, en 1890, y fallecido en 1969, en la Tierra de Israel, fue director de la conocida Ieshivá de Jebrón. Este sabio escribió varios libros, entre ellos una profunda explicación a *La Senda de los Justos* de Ramjal.

En la introducción a esa explicación escribió: el Omnipresente, Bendito Sea su Nombre, otorgó a nuestro gran maestro lugar para incluir en su monumental obra lo que no merecieron quienes lo antecedieron, ni quienes lo sucedieron. Pues él escuchó, e investigó, y puso oídos al temor, abriendo el camino del servicio Divino. Y tal como hizo

Maimónides con el campo de la ley, así hizo nuestro maestro con lo tocante al temor.

Ciertamente, hubo grandes y eminentes sabios de antaño que escribieron libros de ética y moral antes de que lo hiciera nuestro maestro.

Tal es el caso del gran erudito, y hombre piadoso, Rabeinu Bejaie, que escribió el libro *Jovat Halebabot* –los deberes del corazón–. Y el gran maestro, Rabeinu Iona, de Gerona, que escribió el libro: *Shaaré Teshuvá* –los portales del arrepentimiento.

Sin embargo, los demás libros, si bien son excelsos y grandiosos, tal como era habitual en los sabios de antaño, escribir obras donde cada palabra e insinuación requieren estudio, aun así, ninguno de ellos incluye todo, pues no era ésa la intención de los autores.

Por tanto, cada uno escribió específicamente según su especialidad. Y hay libros en los que se incluyen varias especialidades, pero no todas. Y eso se debe a que no estructuraron sus obras sobre la base de la enseñanza de Rabí Pinjas, el hijo de Iair, que incluye todo, desde el criterio hasta la santidad.

Sin embargo, nuestro maestro, tal como hizo Maimónides, que estructuró su gran compendio sobre la base de todos los preceptos, tanto los activos, como los pasivos, así vio qué debía hacer a través de su sabiduría, y su espíritu de santidad; consideró que debía acercarse a la santidad y componer su gran compendio acerca del servicio y el temor, sobre la base de la enseñanza de Rabí Pinjas, el hijo de Iair.

La base del servicio y el temor

De las palabras del erudito Iejezkel Serna, se aprecia que Ramjal era un hombre muy capaz e inteligente, profundo investigador, y poseedor de una inspiración sublime. Por eso descubrió los tesoros ocultos que estaban escondidos en esta magnífica enseñanza talmúdica impartida por Rabí Pinjas, el hijo de Iair, la cual abrió y explicó paso por paso, detalle por detalle, no dejando nada sin analizar y abrir.

¿Y quién era Rabí Pinjas, el hijo de Iair y cuál fue la gran enseñanza que impartió? En el Talmud se narra que Rabí Pinjas, el hijo de Iair, marchaba para cumplir el precepto de rescatar a unos cautivos, y en medio del camino se topó con el río Ginai.

Rabí Pinjas, el hijo de Iair, le dijo al río:

—¡Ginai: divide para mí tus aguas y te atravesaré!

El río le dijo:

—Tú vas a hacer la voluntad de tu Amo, y yo voy a hacer la voluntad de mi Amo. Sin embargo, en cuanto a ti, es dudoso si lo harás o no lo harás, pues tal vez no puedas cumplir con el precepto de rescatar a los cautivos, pero yo, ciertamente que lo haré, cumpliré con el precepto de hacer fluir mis aguas hacia el mar. Por tal razón, no es correcto que divida mis aguas ante ti.[1]

Rabí Pinjas, el hijo de Iair, le dijo:

---

1. Es decir: tú vas a cumplir con el precepto de rescatar a los cautivos, y yo voy a cumplir con el precepto de hacer fluir mis aguas hacia el mar. Pues todos los ríos desembocan en el mar por decreto del Rey supremo, El Santo, Bendito Sea. Como está escrito: «Todos los ríos van al mar, y el mar no se llena; al lugar de donde los ríos vinieron, allí vuelven para correr de nuevo» (Eclesiastés 1:7).

—Si tú no divides tus aguas, decretaré sobre ti que las aguas no vuelvan a pasar por ti jamás.

Al oír eso, el río dividió sus aguas para que él pasara.

En ese lugar se hallaba también un hombre que llevaba trigo para elaborar pan ácimo para la festividad de Pesaj, y también debía atravesar el río.

Rabí Pinjas, el hijo de Iair, le dijo al río:

—Divide tus aguas también para él, pues también él se ocupa de un precepto.

Entonces el río dividió sus aguas para que también él pasara.

En ese sitio se encontraba, además, un comerciante árabe que marchaba con ellos.

Rabí Pinjas, el hijo de Iair, le dijo al río:

—Divide tus aguas también para él, para que las personas no digan: «¿Así se comportan con los acompañantes?».

Entonces el río dividió sus aguas para que también él pasara.

Dijo Rabí Iosef acerca de Rabí Pinjas, el hijo de Iair:

—Cuán importante era ese hombre, más que Moshé y los seiscientos mil hombres que salieron de Egipto. Pues en el caso de Moshé, y los Hijos de Israel que cruzaron con él, el Mar de Cañas se partió una vez,[2] y en el caso de Rabí Pinjas, el hijo de Iair, el río se partió tres veces.

---

2. Como está escrito: «Moshé extendió su mano sobre el mar y El Eterno agitó el mar con un fuerte viento solano toda la noche, y corrió el mar a tierra húmeda, y las aguas se partieron. Los Hijos de Israel entraron al mar, sobre tierra seca; y el agua era un muro para ellos, a su derecha y a su izquierda (Éxodo 14:20-21).

Al otro lado del río

Después de cruzar, y proseguir la marcha, Rabí Pinjas, el hijo de Iair, se detuvo en un hospedaje. Le dieron cebada a su burra para que comiera, pero no comió.

Al observar eso, limpiaron la cebada, pasándola por un tamiz, y después la dispusieron ante el animal, pero tampoco así comió. Entonces quitaron los pequeños residuos que habían quedado entremezclados manualmente, y la pusieron ante la burra, pero tampoco así comió.

Rabí Pinjas, el hijo de Iair, les dijo:

—¿Tal vez esa cebada no ha sido diezmada?

Los hombres extrajeron el diezmo de la cebada,[3] la pusieron ante el animal, y comió.

Rabí Pinjas, el hijo de Iair, les dijo:

---

3. El precepto de extraer el diezmo del producto de la tierra aparece explícitamente en la Biblia, como está escrito: «A los hijos de Levi, he aquí que les he dado todos los diezmos de Israel por posesión a cambio del servicio que realizan, el servicio de la Tienda de la Reunión» (Números 18:21). Y además está escrito: «Pues el diezmo que los Hijos de Israel le separen a El Eterno como una ofrenda se lo he dado a los levitas por posesión; por eso les dije: entre los Hijos de Israel no heredarán posesión» (Números 18:24). Y En relación con los levitas está escrito: «Podréis comerlo en todas partes, vosotros y vuestras casas, porque es un pago a vosotros a cambio de vuestro servicio en la Tienda de la Reunión» (Números 18:31). A través de esta declaración bíblica se ordena separar una parte de diez de la siembra de la Tierra de Israel, la cual debe ser entregada a los levitas. Resulta que una persona no debe comer producto de la tierra de Israel sin diezmar, pero para un animal no está prohibido, y la burra de Rabí Pinjas, el hijo de Iair, era un caso atípico.

—Esta pobre va a hacer la voluntad del Amo –para cumplir el precepto de rescatar a los cautivos–, ¿y vosotros le dais para que coma producto sin diezmar?[4]

Un hombre especial

Rabí[5] oyó que Rabí Pinjas, el hijo de Iair, venía, y salió para recibirlo. Le dijo:

—¿Deseas comer conmigo?

Rabí Pinjas, el hijo de Iair, le dijo:

—Sí.

El rostro de Rabí resplandeció de alegría.[6]

Rabí Pinjas, el hijo de Iair, le dijo:

—¿Acaso supones que he hecho voto de abstenerme de tener provecho de los Hijos de Israel? ¡No es así! Los Hijos de Israel son santos, y es propicio sacar provecho de ellos. Pero yo no acostumbro a hacerlo porque hay quien desea convidar, y en verdad no tiene suficiente. Y hay quien tiene suficiente, y en realidad no desea convidar, aunque me llame para que coma con él. Y yo no deseo tener provecho

4. A esto se refiere lo enseñado por los sabios: «El Santo, Bendito Sea, no trae tropiezo a los justos a través de sus animales» (Talmud, tratado de Julín 7b).

5. Rabí Iehuda Hanasí, el compilador de la Mishná era llamado así, Rabí, pues era el Rabí de todo Israel, y además un hombre santo, totalmente consagrado a El Eterno.

6. Pues no era común que Rabí Pinjas, el hijo de Iair, sacara provecho de lo que era de los demás.

de él, como está escrito: «No comas el pan del avaro, ni codicies sus manjares. Porque como lo que hay en su interior, tal es él; come y bebe, te dirá; mas su corazón no está contigo. Vomitarás el pan que comiste,[7] y se arruinarán tus palabras agradables» (Proverbios 23:6-8).

A continuación Rabí Pinjas, el hijo de Iair, le dijo a Rabí:

—Pero en cuanto a ti, ciertamente que tú deseas convidarme, y tienes suficiente. Sin embargo, ahora tengo prisa, pues estoy ocupado de un precepto. De todos modos, después de cumplir el precepto, cuando vuelva, vendré a verte y entraré.

Rabí Pinjas, el hijo de Iair, se marchó, cumplió con el precepto de rescatar a los cautivos, y vino a ver a Rabí. Cuando pasó por la entrada vio que había allí mulas blancas. Al observar eso, Rabí Pinjas, el hijo de Iair, dijo:

—¿El Ángel de la Muerte se encuentra en la casa de este hombre, y yo comeré con él?

Rabí oyó y salió a su encuentro. Le dijo:

—¡Las venderé!

Rabí Pinjas, el hijo de Iair, le dijo:

—Así como te está prohibido tenerlas, del mismo modo está prohibido para los demás, como está escrito: «No pondréis tropiezo delante del ciego» (Levítico 19:14).[8]

Rabí le dijo:

—Las abandonaré.

---

7. A raíz de la vergüenza, pues te mirará con malos ojos mientras comes lo que ha puesto ante ti.

8. A través de eso le dijo que no podía venderlas.

Rabí Pinjas, el hijo de Iair, le dijo:

—Si haces eso, aumentará el daño que provocarán.[9]

Rabí le dijo:

—Les quitaré las pezuñas.

Rabí Pinjas, el hijo de Iair, le dijo:

—No lo puedes hacer porque representaría un sufrimiento para los animales.

Rabí le dijo:

—Las mataré.

Rabí Pinjas, el hijo de Iair, le dijo:

—Sería un desperdicio.[10]

Rabí le insistió mucho a Rabí Pinjas, el hijo de Iair, para que comiera con él, pero no aceptó, y en ese momento se levantó un monte alto entre ellos, que los separó.

Rabí lloró y dijo:

—Así es con ellos, los justos, en vida –que El Santo, Bendito Sea, los ayuda para que se haga su voluntad–, después de la muerte de ellos, ¡cuánto más que será así! (Talmud, tratado de Julín 7a y b).

---

9. Pues estarán descuidadas y dañarán más.

10. Está prohibido desperdiciar y destruir todo lo que tiene utilidad. Esta ley surge de la cita bíblica que declara: «Cuando sities a una ciudad durante muchos días para hacerle la guerra para tomarla, no destruyas sus árboles blandiendo el hacha contra ellos, pues de ellos comerás, y no los troncharás; ¿acaso el árbol del campo es un hombre para que sea sitiado por ti? Únicamente el árbol que sabes que no es un árbol comestible, podrás derribarlo y troncharlo [...]» (Deuteronomio 20:19-20).

La gran enseñanza

Se aprecia que Rabí Pinjas, el hijo de Iair, era un hombre extremadamente piadoso, y medía cada palabra que pronunciaba, como así cada acto que realizaba, y El Santo, Bendito Sea, lo ayudaba para que se cumplieran sus pensamientos.

Ésta es la enseñanza de Rabí Pinjas, el hijo de Iair, sobre la cual Ramjal estructuró su obra: *La Senda de los Justos*: la Torá nos conduce al criterio, el criterio nos conduce a la diligencia, la diligencia a la limpieza, la limpieza a la separación, la separación a la pureza, la pureza a la piedad, la piedad a la humildad, la humildad al temor por el pecado, el temor por el pecado a la santidad, la santidad al espíritu de santidad, y el espíritu de santidad a la resurrección de los muertos (Talmud, tratado de Avodá Zará 20b).

Derej Jojmá

Así como el Ramjal analizó y escudriñó escrupulosamente el asunto del temor y el servicio Divino, también lo hizo con todos los demás temas. Y transmitió ese principio ideológico esencial a sus discípulos, dejándolo constatado en sus obras. En el libro *Derej Jojmá* se aprecia claramente. En el diálogo que el maestro mantuvo con su alumno, éste le planteó sus ideales y objetivos, y tras escuchar atentamente, le respondió:

—Y ya veo yo que te resta tener un cuarto objetivo en relación con este asunto [...] Pero yo descubriré tus oídos y te enseñaré lo que no sabes, hasta que nazca en ti el despertar que te falta, y entonces tú mismo lo solicitarás.

Se observa que el Ramjal alentaba permanentemente a desarrollar el intelecto, ampliar el razonamiento, y agudizar la reflexión. El trabajo mental era algo esencial para él. Y como también consideraba que hay que trabajar para ganarse el sustento, hizo mucho hincapié en señalar que no debe dejarse de lado el estudio, y hay que abocarse a él con todas las fuerzas. Por eso, cuando en el diálogo mencionado el alumno le solicitó al maestro que le indicara el orden correcto de estudio, éste le dijo que estudiara los veinticuatro libros de la Biblia y las principales explicaciones, y después de esto, las trece reglas a través de las cuales se analiza y estudia la Torá, con todas sus explicaciones.[11]

Esas reglas conforman la base estructural del Talmud. Es el medio a través del cual se llega al esclarecimiento y la resolución legal de los temas discutidos.

Maimónides dijo algo muy importante sobre este asunto, que ilustra magníficamente lo que hemos dicho: Josué entró con los Hijos de Israel a la Tierra Prometida en el año 2489 del calendario hebreo. En ese momento comenzó la conquista, y después la repartición de las tierras. Pero mientras ocurría esto, el estudio de la Torá no se detuvo. Prosiguió fervorosamente y con ímpetu, pues se enseñaba lo aprendido del gran maestro Moshé, y además, los sabios se esforzaban en deducir la aplicación de las leyes a los nuevos casos que se presentaban.

---

11. *Véase* pág. 63 y ss.

En el estudio y los análisis desarrollados, era algo inobjetable que toda cuestión que habían escuchado directamente de Moshé no generaba ninguna discusión, y se aplicaba a la ley incuestionablemente. Pero los asuntos presentados que requerían la aplicación de ramificaciones de lo enseñado por Moshé eran tema de debate. Para hallar la ley en un caso así, apelaban a las trece reglas entregadas por El Eterno a Moshé en el monte Sinaí, mediante las cuales se da interpretación a lo declarado por la Torá.

Sobre la base de estas trece reglas los sabios buscaban la respuesta adecuada a la cuestión que había sido planteada. Este sistema de estudio conformó la base fundamental que se aplicaría en todas las generaciones *(véase* Maimónides: Introducción a la Mishná).

Las discusiones y la resolución

Cuando Rabí Iehuda compiló la Mishná, que es la base del Talmud, incluyó en su compendio la explicación de todos los preceptos escritos en la Torá. Esta explicación comprendía enseñanzas recibidas directamente de Moshé, y también deducciones de los sabios en las cuales no hubo discusión. Pero incluyó asimismo las deducciones obtenidas por los sabios en las cuales sí hubo discusión.

Esto último sucedió porque no todos los eruditos aplicaron de igual modo las trece reglas mediante las cuales la Torá es interpretada. Un sabio consideraba que para cierto tema lo más adecuado era la aplicación de una regla, y otro sabio consideraba que debía aplicarse otra regla, surgiendo así las discusiones a las que hemos hecho alusión.

Cuando se generaban este tipo de discusiones debía establecerse la ley definitiva. Para eso utilizaban el sistema determinado por la Torá de regirse de acuerdo con la opinión de la mayoría, como está escrito: «Hay que inclinarse según la mayoría» (Éxodo 23:2).

Además, debe considerarse que las discusiones de los sabios son muy sutiles y profundas, nunca superficiales. Veamos un ejemplo: en el tratado talmúdico de Berajot 52b, se cita una discusión vinculada con lo que es correcto hacer después de comer pan, si lavarse las manos —*maim ajaronim*—, después recitar la bendición final —*Birkat Hamazón*—, y posteriormente limpiar la mesa de los restos de comida, o limpiar primero la mesa, y después recitar la bendición.

Los miembros de la academia de Shamai sostienen que se debe limpiar primero la mesa, después se lavan las manos, y posteriormente se recita la bendición para después de comer. En tanto que los miembros de la academia de Hilel sostienen que primero se lavan las manos —*maim ajaronim*—, después se recita la bendición final —*Birkat Hamazón*—, y posteriormente se limpia la mesa de los restos de comida.

Ahora bien, al observar esta discusión superficialmente, podría considerarse que los eruditos discrepan sobre el tema central mencionado. Sin embargo, no es así. Pues si se analiza con mayor profundidad lo expuesto, se concluirá que los sabios no discuten acerca del tema central citado, qué hacer primero y qué después, sino sobre un tema accesorio, el cual conlleva a realizar el procedimiento aludido, en el orden mencionado. Ellos discuten acerca de la utilización de un sirviente iletrado, el cual no es cuidadoso en retirar los alimentos que se pueden estropear al ser salpicados por el agua del lavado de las manos. Y hay una ley que prohíbe estropear los alimentos.

Los miembros de la academia de Hilel prohíben utilizar un sirviente iletrado, y por eso sostienen que primero hay que lavarse las manos —*maim ajaronim*—, después recitar la bendición final y, posteriormente, limpiar la mesa de los restos de comida. La razón es porque el sirviente que no es iletrado es cuidadoso con los alimentos, y evita que se estropeen con el agua del lavado de las manos.

Por su parte, los miembros de la academia de Shamai permiten utilizar un sirviente iletrado, por eso sostienen que se debe limpiar primero la mesa, después lavarse las manos y posteriormente recitar la bendición para después de comer. La razón es porque el iletrado no sabe cuidar los alimentos, y a raíz de eso se pueden estropear con el agua del lavado de las manos.

Surge de este análisis un dato fundamental: la discusión entre la academia de Shamai y la academia de Hilel gira en torno a un asunto muy sutil, si se debe permitir, o no, un sirviente iletrado; y eso conlleva a cada uno a sostener una opinión diferente. Además, ambos tienen razón en su deducción. Sólo que fue necesario establecer la ley, y por eso el tribunal optó por la opción que halló más adecuada para aplicar sobre la población. Ésta es la calidad de las discusiones que aparecen en el Talmud (Maimónides: Introducción a *Iad Hajazaká*).

Esto es lo que indicó el Ramjal en el libro *Derej Jojmá*, llegar a la raíz del asunto a través del análisis sujeto a las trece reglas. Se aprecia que Rabí Moshé Jaim enseñó que debe estudiarse la Torá muy profundamente, para entender no sólo las enseñanzas talmúdicas, sino también el origen de las discusiones, y que se debe analizar todo el desarrollo del tema hasta llegar a la resolución legal. Y lo mismo hizo con los demás consejos y pautas, siempre fue muy puntilloso y preciso, alentando al razonamiento y la reflexión.

Además, el lenguaje utilizado por Ramjal no sólo es rico en contenido, sino también en lo que respecta al estilo, filosófico y poético. Y en muchas ocasiones construyó las frases utilizando fragmentos de versículos, a través de los cuales incluyó enseñanzas esenciales e inmensamente profundas y aleccionadoras.

Rabí Aharón Schlezinger

רבי משה חיים לוצאטו
ספר דרך חכמה

Rabí Moshé Jaim Luzzatto
El Libro del camino de la sabiduría

תלמיד - רבי, הנה כאיל תערוג על אפיקי מים כן תערוג נפשי אל הידיעות ואל המושכלות, ולבבי בוער באש החמדה והתשוקה, לדעת להבין ולהתחכם, על כן יצאתי לקראתך לשחר פניך שתחנני ותורני הדרך אשר אלך בה, ותלמדני ותודיעני מה החכמות אשר ראוי לי לבקש, ואיזה אורח אהלך להשיג אותן, דבר על בוריו. :

Alumno:

—Maestro: he aquí que así como la gacela brama por las corrientes de las aguas, así brama mi alma por los conocimientos y el saber;[1] y en mi corazón arde el fuego del deseo y la pasión por comprender, entender, y adquirir sabiduría. Por eso he salido a encontrarte,[2] buscando acuciosamente tu rostro, para que me agracies y me enseñes el camino por el cual debo andar; y para que me enseñes y me hagas saber cuáles son las sabidurías apropiadas para mí, para que las busque, y

---

1. «Como la gacela brama por las corrientes de las aguas, así clama por ti, Dios, mi alma» (Salmos 42:2).

2. «Por eso he salido a encontrarte, buscando acuciosamente tu rostro, y te he hallado» (Proverbios 7:15).

me indiques por qué sendero debo transitar para aprenderlas
de forma adecuada y correcta.

רבי - בני הלא ידעת כי כל פועל יש לו סבה מעוררת המעירה
אותו לשיפעל, וכל פועל ברצון פועל לתכלית מה באופן שעיקר
רצותו יהיה בתכלית ההוא. ואולם בעבורו ירצה בדברים אשר
יכיר או יחשוב היותם אמצעיים שעל ידם יושג התכלית ההוא.
עתה אמור נא, מה היא הסבה המעוררת אותך לדבר הזה אשר
אתה מבקש ? או מה הוא התכלית אשר תרצה להשיג אותו :

Maestro:

—Hijo mío: ¿acaso no sabes que cada acción tiene una
causa que la origina, despertándola para que sea realizada,
y que toda acción se realiza con voluntad y siguiendo un
objetivo, de modo que lo principal de su voluntad oriente
el alcance de ese objetivo; y que para llevarlo a cabo se vale
de medios que conoce o considera válidos para lograr ese
objetivo a través de ellos? Ahora, dime por favor: ¿Cuál es la
causa que despierta en ti el deseo de ir tras eso que buscas?
Y, ¿cuál es el objetivo que deseas alcanzar?

תלמיד - אמנם הסבה המעוררת אותי, הוא הצער אשר אנכי
מרגיש מההשתערות אשר נפשי משתערת לעמוד על ידיעת
הענינים המובאים לו מן החושים או העולים בדמיונה, ותכליתי
הוא לישב את נפשי ולהשקיט את רוחי המתפעם בספיקותיו,
וחסרון השגתו. :

Alumno:

—Ciertamente, la causa que despierta en mí el deseo de ir
tras lo que busco es la aflicción que siento, pues mi alma

realiza una evaluación para conocer los asuntos que llegan a ella a través de los sentidos, o son alcanzados por ella a través de la imaginación. Y mi objetivo es apaciguar mi alma y acallar mi espíritu que resuena cual campana a raíz de sus dudas, y por su falta de aprehensión.

רבי - היש לך עוד תכלית אחר עם התכלית הזה, יהיה שוה לו או טפל אליו ? :

Maestro:
—¿Tienes otro objetivo además de ése, que sea equivalente, o secundario?

תלמיד - כן אדוני, כי הנה מלבד התכלית שזכרתי מביט אני אל תכלית אחר, שהוא להיות איש בין האנשים, ושאוכל גם אני לחוות דעי בין מקהלות החכמים, ולא אהיה ביניהם כאבן דומם, או כאלם לא יפתח פיו. ועוד מתכוין אני לשאכיר גדולת הבורא ית׳ מתוך גדולת בריותיו, ואשבח שמו הגדול על עומק מחשבותיי.

Alumno:
—¡Sí, mi señor! Pues además del objetivo que he mencionado, yo contemplo otro objetivo, que es ser un hombre entre los hombres, y que también yo pueda expresar mi conocimiento entre las congregaciones de sabios, y no ser entre ellos como una piedra inanimada, o como un mudo, sin abrir la boca. Y, además, tengo la intención de que al conocer la grandeza del Creador, Bendito Sea, dentro de la grandeza de sus creaciones, pueda alabar su gran Nombre con la debida profundidad de razonamiento.

רבי - היטבת מאד לסדר תכליותיך לפי הדרגתם ברצונך, כי אולם
באמת תכליתך הראשון הוא למצוא נחת לרוחך ושבעה לחמדת
נפשך, שהיא הסבה אשר העירתך ובעבורה נתעוררת לבקש לך
מנוח אשר ייטב לך. ואחר זה תביט בכוונתך להיות לך מהלכים
בין משכילי העם. ואילו לא ידעתיך והכרתיך מאז חפשן וחקרן
בטיבעך, הייתי אומר היות זה לך התכלית הראשון והעיקרי באמת
בהיותו העיקרי כמעט לרוב שוקדי דלתות הלימודים, אך בראותי
אותך נוטה אל החקירה בטבע, אאמין היות ישוב ושביעת החמדה
הטבעית הזאת תכלית עיקרי לך, וההכנם בחברת החכמים, והיות
צולח ביניהם, שני לו בהדרגה. והג' היכר גדולת הבורא ית'
שאמרת כי היות זה התכלית העיקרי וראשון, ואפילו שני אינו
מצוי אלא אצל מי שהשיג כבר ענינים רבים מהחכמה אשר לא
השגת אתה עדיין. וכבר רואה אני שחסר לך תכלית ד' בדבר הזה,
שאילו היה לך ודאי שלא היית יכול לחדול מלמנותו ראשון לכל
התכליות, ואולם חסר הוא לך מפני שחסרה לך סיבה שתעירך
לבקש אותו, אבל אני אגלה אזנך ואודיעך את אשר לא ידעת עד
שיולד לך ההתעוררות החסר ממך, אז מאיליך תבקשהו. :

Maestro:

—Has orientado perfectamente bien el orden de tus objetivos de acuerdo con la progresión gradual de tu voluntad.
Pues, ciertamente, tu primer objetivo es hallar sosiego para
tu espíritu y saciar el deseo de tu alma, que es la causa que
te ha movido, y a raíz de ella te has despertado para buscar
lo más conveniente para ti[3]. Y después de eso, has orientado tu intención a caminar entre los sabios del pueblo. Y

____

3.   *Véase* Rut 3:1.

si no te conociera de antes, sabiendo que eres buscador e investigador por naturaleza, hubiera dicho: ése es tu primer objetivo, y en verdad el principal, pues es lo principal para prácticamente la mayoría de los que frecuentan las puertas del estudio.[4] Pero al verte con una inclinación natural por la investigación y el análisis, creo que ese deseo que tienes de saciar esa ambición natural tuya, es tu principal objetivo. Y en cuanto a la preparación para entrar a la congregación de sabios, y andar entre ellos, es secundario para ti en lo que respecta a la progresión gradual de tu voluntad. Y el tercer objetivo, concerniente a conocer la grandeza del Creador, Bendito Sea, que has mencionado, ciertamente es el primer y principal objetivo, e incluso el segundo no se encuentra sino en quien ha alcanzado muchos asuntos de sabiduría, que tú aún no has alcanzado. Y ya veo yo que te falta tener un cuarto objetivo en relación con este asunto. Pues si lo tuvieses, ciertamente, no hubieras podido contenerte de enumerarlo en primer lugar entre todos los objetivos. Y te falta porque careces de una causa que te despierte para buscarlo. Pero yo descubriré tus oídos y te enseñaré lo que no sabes, hasta que nazca en ti el despertar que te falta, y entonces tú mismo lo solicitarás.

תלמיד - אמצא חן בעיניך ר' והודעתני אורחות חיים. :

---

4. «Bienaventurado el hombre que me escucha, velando a mis puertas cada día –para entrar el primero a la sinagoga y a la casa de estudios–, aguardando junto a las jambas de mis entradas» (Proverbios 8:34).

Alumno:

—¡Maestro! Halle yo gracia en tus ojos para que me enseñes los senderos de la vida.

רבי – הלא ידעת כי תכלית מה ששם האדון ב"ה את האדם
בעוה"ז הוא רק לשיקנה וישיג בעמלו את השלימות האמיתי
שהוא ההתקרב לו ית‹ תכלית הקריבות שאפשר והתדבק בו
תכלית הדבקות שאפשר, מאומתת היא הפנה הזאת או לאו ? :

Maestro:

—¿Acaso no sabes que el objetivo por el que El Señor, Bendito Sea, puso al hombre en este mundo fue únicamente para que adquiriera y consiguiera la completitud verdadera a través de su esfuerzo, o sea, para que se acerque a Él, en toda la medida de sus posibilidades, y se apegue a Él, en toda la medida de sus posibilidades? ¿Has verificado este asunto o no?

תלמיד - מאומתת היא אצלי ובררורה, מטענות תוריות דהיינו מן
הכתובים ומקבלת החכמים, ומטענות שכליות כמו כן. :

Alumno:

—Lo he verificado y lo tengo muy claro a través de los argumentos de la Torá, es decir, los Escritos Sagrados, y la tradición de los sabios, y asimismo, a través de argumentos intelectuales.

רבי - אם זה ברור אצלך הנה לא תסתפק גם כן בתולדה הנולדת
ז הוא לתכלית » מזה, והיא שאם כל עיקר מציאותו של האדם בעוה
הזה, הנה ראוי לו שינהג כל ענייניו כלם להשיג את התכלית הזה,

ולא להפריע או להטות עצמו ממנו, שהרי כל ענין מהם שינסה מן
התכלית נמצאת נפרעת בענין ההיא עצתו ית'. ודי שיהיה דבר נגד
כונתו לשיהא ראוי להתרחק ממנו. והתבונן עוד ותראה, כיון שרק
השלימות האמיתי הוא הטוב באמת, המעשה הנוטה ממנו הנה
הוא נוטה מן הטוב, ואם כן ודאי הוא רע או לפחות דבר מותר
ובטל הבל וריק שראוי ודאי לכל משכיל לסור ממנו. :

Maestro:

—Si eso está claro para ti, no dudes tampoco de la derivación que surge de ese asunto, que es ésta: si todo el propósito de la existencia del hombre en este mundo es a raíz de ese objetivo, es propicio que oriente todos sus asuntos en dirección de ese objetivo, para alcanzarlo. Y no debe apartarse ni desviarse del mismo, pues en todo asunto con el que se desvíe del objetivo se apartará con él del consejo de El Santo, Bendito Sea. Y es suficiente con que algo esté en contra de su intención para considerar apropiado apartarse de él. Y medita más y observarás que, dado que únicamente la completitud verdadera es el bien de verdad, la acción que se desvíe de ella, he aquí que se aparta del bien. Siendo así, ciertamente, eso es algo malo, o al menos, innecesario, inútil y vano, y todo hombre inteligente debe apartarse de ello.

תלמיד - גם זה פשוט אצלי, כי בודאי אינו ממשפט החכמים
לבקש הערב כי אם לבקש הטוב האמיתי, וכל פועל אשר איננו
אמצעי לו אינו אלא מותר ובטל ואינו מעצת השכל לפעול אותו. :

Alumno:

—También eso está muy claro en mí. Pues, ciertamente, que no es doctrina de sabios buscar lo placentero, sino el bien verdadero. Y toda acción que no sea un medio para obtenerlo, no es sino algo innecesario e inútil, y llevarla a cabo no es un consejo inteligente.

רבי - אחרי היות כל זה מאומת אצלך, הנה תבין ודאי שכל
התעוררות פעולה אשר יולד ברצונו של האדם ראוי לו שישקול
אותה בפלס התכלית הזה שזכרנו, כי אם תסכים לתכלית יעשנה,
ואם אין יעזבנה. ואולם פעולות האדם ב׳ מינים, הא׳ עיון והב׳
מעשה, ושניהם צריכים תמיד להיות נדונים על פי התורה הזאת
שאמרנו שהוא להיותם מסכימים עם התכלית ועוזרים לו, ולא
נוטים ממנו כל שכן נגדיים אליו. והנה הדבר הזה במעשה ידוע הוא
ואין זה המקום והעת להאריך בו, אך אדבר בו בקצרה מה שצריך
ללמוד ממנו בעיוני שהוא הנדון שלנו. והנה תראה שיש בפעולות
האדם מוכרחות ובחיריות, כי יש מה שטבעו מכריח לו או קיבוצו
המדיני, ויש שתלויות בבחירתו לגמרי. ואמנם המוכרחות אין בהם
עצה, כי ההכרח לא ישובח ולא יגונה. אמנם כבר אפשר שתמצא
בפעולה אחת הרכבה מהההכרח ובחירה, כי עיקר הפעולה יהיה
מוכרחי ואופן העשותה בחיריי בכולו או במקצתו, ואולם כל מה
שמצד ההכרח לא תפול בו עצה כמו שכתבנו, כי אם במה שמצד
הבחירה. והנה המשפט הכולל אשר לכל פעולות שמצד הבחירה
הוא, שכל פעולה בחיריית ראוי שתהיה, או קיום מצוה או הכנה
לקיום מצוה, או הסרת מניעה לו. ונוסף על זה תנאי, שלא יהיה
בה ביטול והפרה לשום חק מחקי התורה והעבודה בשום צד, לא
במהות הפעולה ולא בשום מקרה מהמקרים המתחברים לה. ואם
לא תהיה הפעולה מאחד מהמינים האלה, או אפילו תהיה מאחד
מהם אך יהיה בה או במקריה מפרת חק התורה, ראוי

לחדול ממנה. דרך משל כבר יוכל להיות הטיול הכנה לעבודה,
אם יצטרך לאדם כדי להרחיב את דעתו שיהיה מוכן להשכיל, אך
אם הטיול במהותו לא יהיה מן המותרים, או בכמותו יהיה יותר
מדאי, או יהיה בחברת בלתי מהוגנים וכיוצא בזה, הרי הוא מכלל
הפעולות אשר לא תעשנה. והנה כמשפט הפעולות כך משפט
העיונים בלי הפרש כלל, כי כיון שתכלית כל ענייני מציאות האדם
בעולם הוא תכלית אחד, צריך גם כן שכל ענייניו ילכו מהלך השגתו
ותהיה מגמתם הצלחתו. :

Maestro:

—Después de que hayas verificado todo eso, comprenderás
con certeza que todo despertar que nace en la voluntad de
la persona para realizar una acción es propicio que lo pese
en la balanza, para ver si se orienta hacia el objetivo mencionado. Y si se orienta hacia el objetivo, lo hará, y si no,
desistirá de ello.

—En cuanto a las acciones de las personas, tienen dos fases:
una es la observación y la segunda es la realización. Y ambas
deben ser analizadas y sopesadas siempre según esa ley que
hemos mencionado, es decir, deben concordar con el objetivo, y serle de ayuda, sin desviarse de él, y con más razón
que no deben oponerse. Y lo vinculado con este asunto en
relación con la realización de la acción es algo sabido, y no
es éste el lugar ni el momento de extenderse en ello, pero
hablaré de lo que es necesario saber acerca de eso en relación
con la observación, que es el tema que nos concierne.

—Has de considerar que hay entre las acciones de la persona unas que son obligatorias y que se realizan por propia elección. Pues hay acciones cuya naturaleza lo obliga a realizarlas, y hay otras que dependen completamente de su propia elección. Ahora bien, con respecto a las acciones cuya naturaleza lo obliga a realizarlas, no hay consejo en relación con ellas, pues hacer lo que es necesario no lo alabará ni lo degradará. Pero es posible que se halle en una acción una combinación de necesidad y elección, en ese caso, lo principal de la acción será algo necesario, mas el modo de realizarla estará sujeto a elección, ya sea en forma total o parcial. Y tal como ya lo hemos mencionado, en relación con el flanco de la necesidad no hay consejo, sino únicamente en lo relacionado con el flanco de la elección. Y he aquí que el juicio general que incluye todas las acciones del flanco de la elección es éste: toda acción sujeta a elección es propicio que esté asociada al cumplimiento de un precepto, o la preparación para el cumplimiento de un precepto, o el quitado de algo que impida su cumplimiento. Y, además de esa condición, debe observarse que no haya en la acción anulación de ninguna ley de la Torá, y el servicio, por ningún flanco, ni en la esencia de la acción, ni en ningún asunto vinculado con la misma. Y si la acción no correspondiera con alguna de esas pautas, o incluso si correspondiera con una de ellas, pero hubiera en ella un asunto asociado a la anulación de una de las leyes de la Torá, es correcto apartarse de ella. Por ejemplo, es posible que un paseo sea una preparación para el servicio. Esto será así en el caso en que la persona lo necesite para abrir su mente y concentrarse apropiadamente. Pero si en relación con la calidad, el paseo no estuviera dentro de lo permitido, o en relación con la cantidad, hubiera exceso, o se realizara junto a un grupo inadecuado de personas, o existieran factores similares, es una acción que está incluida dentro de las que no deben ser realizadas. Y así como ocurre con el juicio de las acciones, del mismo modo ocurre con el juicio de las observaciones, sin que exista entre ambos asuntos ninguna diferencia. Pues, dado que el objetivo de todos los asuntos existenciales de la persona en el mundo está sujeto a un único fin, debe procurarse también que todos ellos vayan detrás de esa meta, y que se puedan obtener resultados exitosos a través de ellos.

תלמיד - הנה הארת עיני בטוהר לקחך רבי, ואת אשר לא השיגה דעתי הורתני. עתה חנני נא בפרטים כאשר בכלל חנותני, ולמדני לשפוט את העיונים כלם משפט צדק, על פי התורה הזאת. :

Alumno:

—Maestro, has iluminado mis ojos con la pureza de tus enseñanzas, y me has enseñado lo que mi mente no había captado. Ahora, agráciame por favor, con los detalles específicos, tal como me has agraciado, y enséñame a juzgar todas las observaciones con juicio recto, de acuerdo con esta ley Torá.

רבי - תחלה צריך אני לעוררך עוד על עיקר אמיתי, והוא שכמו שבמעשיי הכוונה עיקר גדול, והיא הגודרת את הפעולה עצמה, אשר על כן מלבד כשרון המעשה יצטרך כשרון הכונה, כך בעיוני

כדי שיהיה העיון מהאמצעיים המביאים להשגת התכלית האמיתי
שזכרנו, שני תנאים יצטרכו לו, המין והכונה, דהיינו שיהיה מין
עיון המביא אל התכלית הזה, ותהיה הכונה בו לבא אל התכלית
הזה. כי אם הכונה לא תהיה בו אלא לשביעת החמדה שזכרת
בראשונה, אפילו אם יהיה העיון בעצמו הנכבד שבעיונים הנה
יועם חשיבותו, ותשפל מעלתו, כי כבר ישוב להיות בקשת הערב,
פ שמצד עצמו הוא טוב, הנה הבקשה » לא בקשת הטוב. כי אע
עליו אינה מצד טובו אלא מצד עריבותו. אמנם אחרי היות הכונה
מיושרת להשיג את התכלית האמיתי, אז יחקר העיון עצמו לבחון
את ענינו, כי אם יסכים אל התכלית יהיה לאחוז בו, ואם לאו
לחדול ממנו. :

Maestro:

—Inicialmente debo despertarte aún más respecto al principio fundamental verdadero. Pues así como en lo concerniente a la realización de la acción, la intención es un gran
principio fundamental, y la misma limita a la propia acción,
por lo que además de aptitud en la realización de la acción, se necesita aptitud en la intención, lo mismo sucede
con la observación. Pues para que la observación sea de los
medios que orientan a la obtención del objetivo verdadero
que hemos mencionado, se requieren dos condiciones: el
tipo y la intención. Es decir, debe ser un tipo de observación que oriente a ese objetivo, y la intención debe estar
puesta en el alcance de ese objetivo. Pues si la intención no
estuviese puesta en ese objetivo, sino en la satisfacción del
deseo que tú has mencionado al comienzo, incluso si la observación fuese la más selecta de las observaciones, su importancia se atenuará, y su grado decaerá, pues comenzará

a ser una búsqueda de lo codiciable, y no una búsqueda
del bien. Pues aunque por su parte es bueno, la búsqueda
del mismo no sigue su parte buena, sino su parte codiciable. Pero después de que la intención fuera recta, estando
orientada al alcance del objetivo verdadero, entonces se in-
vestigará la propia observación, para analizar el asunto. Por
tanto, en el caso en que concuerde con el objetivo, se lo
tomará, y si no, se desistirá de él.

תלמיד – בצדק כל אמרי פיך ואין מקום ללבבי להסתפק בם. :

Alumno:
—Todas las palabras salidas de tu boca son justas, y no hay
lugar en mi corazón para dudar de ellas.

רבי - אמנם מיני העיונים בבחינת יחסם עם התכלית, ארבעה,
הא׳ העיון שהוא אמצעי להשגת התכלית מצד עצמו. הב׳ שאינו
אמצעי לו מצד עצמו, אבל הוא אמצעי במקרה. הג׳ שאינו
אמצעי לו לא מצד עצמו ולא במקרה, אך הוא שב לאמצעי
במקרה. הד׳ שאינו לא אמצעי מצד עצמו ולא אמצעי במקרה,
ולא שב לזה כלל. ועתה אבאר לך כל דבר ודבר בפני עצמו. המין
הא׳ הוא אשר הוא אמצעי מצד עצמו, ויתחלק לעיקרי והכניי.
העיקרי הוא שהתולדה הנולדה ממנו מיד היא השגת התכלית.
וההכניי הוא שאין השגת התכלית נולדה ממנו מיד, אלא אחר
עיון אחר שיבא אחריו שהוא העיקרי שזכרנו. אמנם הנה הוא עיון
שמכין את הדרך אל השכל ליכנס בחקירת העיקרי. והנה העיקרי
אינו אלא העיון באלקות, דהיינו בסתרי יחודו ית׳ ורוממותו
ושלימותו, וההנהגה שהוא מנהג את עולמו, וכן סתרי בריותיו
וכוננותיהם, והעבודה שהטיל על מי שהטיל מהם, והשראת כבודו

ושכינתו, ושפע נבואתו ורוח קדשו - זהו העיון אשר בו תלה
ה שלימותו של האדם, ובזה הוא מתקרב לו ומתדבק » האדון ב
בו דביקות שלם, ובשיעור מה שישתדל להשיג מן העיון הזה כך
יהיה שיעור השלמיות שיקנה, והקורבה שיתקרב. והוא מה שצוו
עליו הנביאים באמרם, וידעת היום והשבות אל לבבך כי ה‹ הוא
האלקים וכו‹, דע את אלקי אביך ועבדהו, כי אם בזאת יתהלל
המתהלל השכל וידוע אותי. אך תזכור את אשר הזהרתיך על ענין
הכונה שאם יהיה העיון רק לשביעת החמדה, אין זה העיון עיקרי
שאני אומר לך עתה, אלא העיון באלקות בכונה המיושרת שהיא
לעשות נחת רוח לפניו ית‹ שגזר עלינו שנשתדל לקנות שלימותינו
בעיון הזה ונעשה רצונו. וההכניי גם הוא יתחלק לשנים, הא‹ הוא
כלל כל הידיעות שצריך האדם לידע קודם שיכנס לחקירות העיון
באלקיות, והם אותם שעליהם נבנות החקירות ההן, וזהו כלל
ס » ל בש » כתבי הקדש וביאוריהם העיקריים, ומאמרי החכמים ז
ובהגדות, כי עליהם נוסדים חקירות העיון באלקיות. והב‹ הוא
כלל דרכי החקירה והבחנת העיונים, והוא הלימוד ההגיוני שצריך
האדם ללמד בהם את שכלו כדי שיוכל להבחין ולחקור מה שצריך
לחקור ולהשיג מה שצריך להשיג באלקיות. כי זולת זה לא יוכל
להגיע לעולם אל הידיעה הנכונה והברורה, כאומן אשר יחסרו לו
כלי האומנות, שלא יוכל ודאי להוציא כלי כלי למעשהו. והמין הב‹
הוא אשר איננו אמצעי לתכלית מצד עצמו אבל הוא אמצעי לו
במקרה, ויתחלק גם הוא לשנים, הא‹ הוא בביאור כל המצות
והדינים בכל שרשיהן ופרטיהן הראשיים, כי הנה עיון זה בבחינת
עיון, לא אמצעי לתכלית ולא הכניי לעיון עיקרי, אבל הוא הכניי
לאמצעי אחר בלתי עיוני, והיינו מעשה המצות, שגם הוא אחד מן
ש, והרי זה עיון מצטרך לשיוכל המעשה » האמצעיים לתכלית כמ
ליעשות, ומצד זה נמצא גם הוא מכלל האמצעים, אך בדרך מקרה
ש. והחלק הב‹ מן האמצעים במקרה הוא כלל קצת חכמות » כמ
שצריכים אנחנו להם לאיזה חלק מחלקי מצוה או מצות, דרך

משל, ההנדסה התשבורת והתכונה, שנצטרך להם לעניני מצות
העיבורים והכלאים והתחומין וכיוצא. :

Maestro:

—Asimismo debes saber que los tipos de observación relacionados con la consideración del objetivo son cuatro: la primera observación es un medio directo para alcanzar el objetivo. La segunda observación no es un medio directo para alcanzar el objetivo, sino un medio incidental. La tercera observación no es un medio directo para alcanzar el objetivo, ni tampoco un medio incidental, pero sigue al medio incidental. La cuarta observación no es un medio directo para alcanzar el objetivo, ni un medio incidental, ni tampoco sigue al medio incidental en absoluto. Y ahora te explicaré cada asunto en forma independiente.

El maestro explicó:

—El primer tipo es un medio directo para alcanzar el objetivo, y se divide en medio principal y medio preparativo. El medio principal es un medio a través de cuyo efecto se logra inmediatamente el objetivo. Y el medio preparativo es un medio a través de cuyo efecto no se logra inmediatamente el objetivo, sino a través de otra observación que vendrá tras él, que es el medio principal mencionado. Pero ésa es una observación que prepara el camino de la mente para introducirse en el análisis principal. Y el medio principal no es sino una observación de la Divinidad, es decir, una observación de los misterios de la unicidad de El Santo, Bendito Sea, su grandeza, y completitud, y asimismo la conducción a través de la cual Él conduce Su mundo, como así los misterios de sus creaciones, y sus estructuras. Y también el servicio que Él dispuso para que realicen los entes creados, y lo tocante al posado de su Gloria y su Presencia Divina –Shejiná–, como así la abundante emanación de su profecía y el espíritu de santidad. Ésta es la observación de la cual El Santo, Bendito Sea, hizo depender la completitud de la persona. Y a través de la misma, la persona se acerca a Él, y se apega a Él, con un apego íntegro. Y en la medida en que la persona se esfuerce por alcanzar esta observación, así será la medida de completitud que adquiera, y el acercamiento con que se acerque a El Santo, Bendito Sea. Y a esto se refiere lo que fue ordenado por los profetas sobre la persona, ya que dijeron: «Sabrás pues, hoy, y reflexiona en tu corazón, que El Eterno es Dios arriba en el Cielo y abajo en la Tierra, y no hay otro» (Deuteronomio 4:39). «Conoce al Dios de tu padre, y sírvele con corazón íntegro» (I Crónicas 28:9). «Mas alábese en esto el que se hubiere de alabar, en comprenderme y saber de Mí, que Yo soy El Eterno, que hago bondad, juicio y justicia en la Tierra; porque esto deseo, dice El Eterno» (Jeremías 9:23). Pero recuerda lo que te he advertido acerca de la intención, pues si la observación fuese realizada únicamente con el fin de saciar tu deseo, no es ésa la observación principal de la que te estoy hablando ahora. Pues la observación de la Divinidad debe realizarse con una intención recta, o sea, con el objetivo de producir satisfacción a El Santo, Bendito Sea, quien decretó sobre nosotros que nos esforcemos en adquirir nuestra completitud con esta observación, y que hagamos su voluntad.

El maestro dijo a continuación:

—Y el medio preparativo también se divide en dos tipos: el primero es el conjunto de todos los conocimientos que la persona necesita saber antes de introducirse en el análisis de la observación profunda de la Divinidad, que son los conocimientos sobre los que se edifican esas investigaciones. Y éstos son los conocimientos de los Escritos Sagrados, y sus explicaciones fundamentales, como así las enseñanzas de los sabios mencionadas en el Talmud y las Hagadot, pues sobre las mismas se fundamentan los análisis de la observación profunda de la Divinidad. Y el segundo tipo es el conjunto de los modos de investigación y análisis de las observaciones. Y éste es el método de estudio lógico con que la persona debe adoctrinar su mente, para que pueda discernir e investigar lo que debe investigar, y captar lo que debe captar, de la Divinidad. Pues sin esto jamás podrá alcanzar la sabiduría correcta y clara, tal como un artesano al que le faltan sus herramientas, que ciertamente no podrá realizar su artesanía. Y el segundo tipo es el que no es un medio directo para alcanzar el objetivo, pero es un medio incidental. Y también se subdivide en dos tipos: el primero es la explicación de todos los preceptos y las leyes, con todas sus raíces, y detalles esenciales. Pues esta observación está dentro de los grados de la observación, pero no es un medio para alcanzar el objetivo, ni es una preparación para la observación principal, pero es una preparación para otra preparación no vinculada directamente con la observación, es decir, el cumplimiento de los preceptos, que también ése es uno de los medios para alcanzar el objetivo. Y esta observación es necesaria para la realización de la acción. Y desde este flanco, también está incluido con los medios, pero en forma incidental. Y la segunda parte de los medios incidentales incluye parte de las ciencias necesarias para la realización de una parte de las partes del precepto, o los preceptos. Por ejemplo, la matemática, la ingeniería, y la astronomía, que son ciencias necesarias para los preceptos del cálculo del año embolismal, lo tocante a las mixturas vegetales, las fronteras, y otros preceptos de características similares.

תלמיד - הרשיני ואשאלך במה יבדלו שני החלקים האלה שמנית אותם לשנים ? :

Alumno:

—Maestro, concédeme permiso y te preguntaré: ¿en qué se diferencian las dos partes que has contabilizado como dos?

רבי - ההבדלים ביניהם מבוארים. ראשונה, כי הנה ביאור המצות עסקו הוא ענין שהוא עצמו אמצעי לתכלית, כי הנה ש, « כלו סובב על המעשה המצווה שהוא אמצעי לתכלית כמ ונמצא שמגמתו הוא ידיעת מה שהוא אמצעי לתכלית. אך אלה החכמות שזכרנו אין עסקם ענין אמצעי ואין מגמתם לבאר ענין זה, אלא עסקם ומגמתם חלק מחלקי המציאות שאין ידיעתו מתעלה ומוריד לתכלית הכללי, אלא שתשמש ידיעתו לעזר לאחד מעניני המצוות והעבודה. דרך משל, ההנדסה עסקה הוא השיעור והמדה, ומגמתה לבארו בכל פרטיו. התשבורת עוסקת במספר

ומבארת כל פרטיו, וכן כלם. הרי שאין עוסקם ענין עוזר לתכלית
ש. והשניה, « הכללי, אלא שידיעתו תועיל לענין מעניני המצות כמ
כי ביאור המצות מלבד היותו הכניי למעשה, הוא עצמו קיום
ש, ודברת בם וכו›, « מצוה, כי צונו הבורא ית› להגות בתורתו, כמ
ונמצא שהוא בעצמו מצוה לבד מהתועלת היוצא ממנו לקיום כל
המצות. ובבחינה הזאת הוא בעצמו אמצעי לתכלית, לא בבחינת
עיון אלא בבחינת מעשה מצוה. מה שאין כן ידיעת החכמות
שזכרנו, שאנחנו לא נצטוינו להגות בהם, אך ידיעתם הכרחית לנו
למה שצריכים אנחנו בעניינים מעניני העבודה, והרי זה כפעולות
המוכרחות אשר לנו במעשה, שאלו יצוייר העדר הכרחם לא היה
לנו להשתדל לעשותם כלל. :

Maestro:

—Las diferencias existentes entre ellas se vinculan con la
explicación. La primera, porque la explicación de los preceptos está vinculada con un asunto que es el medio para
alcanzar el objetivo. Pues todo gira en torno a la realización del precepto, que es el medio para alcanzar el objetivo,
como ya hemos dicho. Por tanto, surge a través de él la
información que revela que es un medio para alcanzar el
objetivo. Pero esas ciencias que hemos mencionado previamente, el ocuparse de ellas no consiste en un medio para
alcanzar el objetivo, y tampoco se puede a través de ellas
explicar ese asunto, sino que el ocuparse de ellas consiste
en una parte de las facetas de la realidad, cuyo conocimiento no suma ni resta en lo tocante al objetivo general. No
obstante, esos conocimientos se utilizan para apoyar uno
de los asuntos vinculados con los preceptos o el servicio.
Por ejemplo, la ingeniería es una ciencia que se ocupa de

las medidas y las mediciones, y a través de la misma se esclarecen todos los detalles. La matemática es una ciencia que se ocupa de los números, y esclarece todos los detalles. Y así ocurre con todas las ciencias. Resulta que ocuparse de ellas no es un apoyo para el objetivo general, sino que su conocimiento será útil para un asunto de los asuntos vinculados con los preceptos, como ya hemos dicho. Y la segunda, porque la explicación de los preceptos, además de ser una preparación para la realización de la acción, es en sí misma el cumplimiento de un precepto. Pues El Santo, Bendito Sea, nos ha ordenado dedicarnos al estudio de Su Torá, como está escrito: «Las enseñarás con profundidad a tus hijos y hablarás de ellas cuando estés sentado en tu casa, mientras andes en el camino, cuando te acuestes y cuando te levantes» (Deuteronomio 6:7). Resulta que la explicación de los preceptos es en sí misma el cumplimiento de un precepto, además de la utilidad que surge a partir de ella para el cumplimiento de todos los preceptos. Y de acuerdo con este criterio, es un medio directo para el alcance del objetivo, no desde el lado de la observación, sino desde el lado de la realización del precepto. Y esto no es así con respecto a las ciencias antes mencionadas, pues no hemos recibido la ordenanza de ocuparnos de ellas. No obstante, el conocimiento de las mismas es imperioso para nosotros, para resolver cuestiones vinculadas con los asuntos del servicio. Por tanto, esto es para nosotros como las acciones que debemos realizar imperiosamente. Pues si no fuesen imperiosamente necesarias, no deberíamos ocuparnos de las mismas en absoluto.

תלמיד - דבריך לי למשיב נפש, ובנועם לקחך אתה נותן מעדנים
לנפשי. :

Alumno:

—Tus palabras reconfortan mi alma, y a través de tus agradables enseñanzas, otorgas deleites a mi alma.

רבי - אשוב עתה להשלים דברי בביאור ארבעה המינין שהזכרתי
לך. המין הג׳ הוא, שאינו אמצעי לא מצד עצמו ולא במקרה, אך
הוא שב לאמצעי במקרה, והוא כלל החכמות והמלאכות אשר אין
להם ענין בהבנת עניני המצות ולא בחקירות האלקיות, אבל כבר
יאותו בזמן אחד או באיש אחד או במקום אחד עם התכלית. דרך
משל, הנה מלבד ההכרח אשר לאדם לפרנם את עצמו, חובה עליו
ל, ובחרת בחיים, זו אומנות, « גם כן מצד התורה שכך לימדונו ז
ואמרו, יכול יהא יושב ובטל, תלמוד לומר בכל משלח ידך אשר
תעשה. ועתה הבוחר באחת מן האומניות להיות לו לפרנסה, הנה
ודאי שיצטרך לדעת כל הידיעות המצטרכות לאומנות ההוא. דרך
משל, מי שיקח לו לאומנות מלאכת הרפואה, הנה ודאי שיצטרך
לו ידיעת הטבע והניתוח ושאר העינינים המצטרכים להיות תופם
באומנות הזה. אדם שצריך ללכת בין חכמי הגוים, הנה יאות לו
שילמוד מה שיכבדוהו בעיניהם, ונמצא שם שמים מתקדש על
ידו, וכן כל כיוצא בזה. אך המין הד׳ הוא אשר איננו אמצעי לא
מצד עצמו ולא במקרה, ולא שב לזה כלל, והוא כלל העיונים
שאינם נוגעים בהבנת המצות ולא בחקירות האלקיות, למי שאינו
צריך להם לא לאומנות ולא לשום טעם אחר של עבודה, אלא
להשתוקק בידיעה ההיא מפני הערבות והנועם שמצא בה, ככל
הטיולים האחרים ותענוגות בני האדם. הנה ביארתי לך מיני
העיונים למדריגתם, ואם מסתפק אתה בדבר ממה שביארתי לך,
שאל. :

Maestro:

—Ahora volveré a retomar el tema de los cuatro tipos de observación que te he mencionado previamente, para completar la explicación: el tercer tipo no es un medio en sí mismo, ni un medio incidental, pero apoya a un medio incidental. Y ésa es una generalidad que abarca las ciencias y las labores que no conllevan directamente al entendimiento de los preceptos ni al análisis de la Divinidad, pero ocurren en un determinado tiempo, o a una persona, o un lugar, en relación con el objetivo. Por ejemplo, además de la imperiosa necesidad que tiene el hombre de sustentarse, es ésa una obligación que tiene por el flanco de la Torá. Pues así nos lo han enseñado los sabios, de bendita memoria, como está escrito: «Yo convoco al Cielo y a la Tierra hoy para que sean testigos contra ti: he colocado la vida y la muerte ante ti, la bendición y la maldición; y elegirás la vida, para que vivas, tú y tu descendencia» (Deuteronomio 30:19). Lo que está escrito: «y elegirás la vida», se refiere a la profesión (*véase* Talmud de Jerusalén, tratado de Peá 3:1). Y también dijeron: «¿Es posible suponer que se sentará y permanecerá sin hacer nada?». El versículo enseña que no, como está escrito: «[...] de todo lo que salga de tus manos, lo que harás» (Deuteronomio 28:20). Y ahora, quien elige una profesión para sustentarse a través de ella, ciertamente que deberá aprender todos los conocimientos necesarios para desarrollar esa profesión. Por ejemplo, quien elige por profesión la medicina, ciertamente que deberá conocer la naturaleza física, las intervenciones quirúrgicas, y los demás asuntos necesarios para desarrollar esa profesión. El hombre que necesita andar entre los sabios gentiles es propicio que estudie lo que sea considerado honorable ante los ojos de ellos, y resultará que el Nombre de El Santo, Bendito Sea, será santificado a través de él. Y lo mismo se aplica a toda circunstancia de características semejantes.

A continuación, el maestro dijo:
—Sin embargo, el cuarto tipo de observación no es un medio en sí mismo que lleva a la obtención del objetivo, ni un medio incidental, ni tampoco lo apoya en absoluto. Este tipo de observación está incluido en el conjunto de las observaciones que no se vinculan con el entendimiento de los preceptos, ni el análisis de la Divinidad, para quien no las necesita para una profesión, ni cualquier otro asunto vinculado con el trabajo, sino que desea saber esa ciencia porque la halló atractiva y agradable, y es como todos los paseos, y los placeres de las personas.

El maestro concluyó la explicación diciendo:
—He aquí que te he explicado los tipos de observación de acuerdo con sus diferentes grados. Y si tienes alguna duda en relación con los asuntos que te he explicado, pregunta.

תלמיד - אין לי ספק בכל דבריך, כי על כלם יעיד המציאות ולא יוכל להסתפק בהם אלא מי שאין הבחנתו שלימה. :

Alumno:
—No tengo ninguna duda acerca de todos los conceptos que has mencionado. Pues todos están avalados por el tes-

timonio de la realidad, y no podría dudar de ellos sino únicamente aquel cuya facultad de análisis no fuera íntegra.

רבי - אחר שביארתי לך מיני העיונים, הנני צריך לבאר לך איזה
מהם ראוי לבחור, ובאיזה שיעור ראוי לבחור בם. והנה זה פשוט
שלפי רוב טוב התולדה היוצאה ממעשה מה או מיעוטו, כך ראוי
להרבות במעשה ההוא או למעט בו. ואם כן העיון אשר תולדתו
היא השגת השלימות האמיתי, ודאי שראוי להרבות כי כל מה
שאפשר, כי כפי השיעור אשר נרבה בו כך יהיה שיעור השלימות
שנשיג, ומי שיפחת ההשתדלות בו, כשיעור מה שיפחת כך יגרע
ממנו שלימות. אך ההכניי שאין טוב תולדתו אלא מצד מה שהוא
הכנה לעיקרי, הנה כשיעור מה שיצטרך ממנו לתועלת העיקרי,
כך ראוי שיהיה שיעור ההשתדלות בו לא פחות ולא יותר, כי אם
יפחות מן הצורך ימצא בעצמו חסרון הכנה לעיקרי, ואם ירבה על
הצורך הנה הריבוי ההוא מותר לגמרי. והמין הב׳ כמו כן שאינו
אמצעי אלא במקרה להיותו דבר מצטרך והכניי לקיום המצות,
הנה כפי שיעור מה שנצטרך לו לקיום זה, הוא שראוי להשתדל
בו לא פחות שלא תחסר הכנה, ולא יותר שלא יהיה פועל בטל.
והמין הג׳ שאינו אלא שב לעבודה, הנה במדה הזאת ימדד גם
הוא, שרק בהיותו לעבודה, וכשיעור המצטרך לענין ההוא שבו
שב לעבודה הוא שיהא ראוי להשתדל בו, וכל יותר על זה אינו
אלא מותר ובטל. כל שכן המין הד׳ שכלו מותר ובלתי ראוי כלל,
לפי העיקרים שהקדמתי לך, והמשתדל בו אינו אלא מטה ומפריע
עצמו מן השלימות, והולך אחרי ההבל לגמרי, ומאומה לא ישא
בעמלו שיולך בידו לעולם שכלו ארוך. :

Maestro:

—Después de haberte explicado los tipos de observación,
debo explicarte cuál de ellos es conveniente escoger, y cuál

es la medida apropiada de ellos para ser escogida. Es obvio que según la mayoría del beneficio que surge a raíz de una acción realizada, o su minoría, de acuerdo con ese parámetro se determinará si es propicio aumentar en esa acción o disminuir. Siendo así, la observación cuya realización fuera un medio para alcanzar la completitud verdadera, ciertamente que es propicio aumentar en ello todo lo posible. Pues la medida de la completitud verdadera alcanzada coincidirá con la medida del incremento del realizado de esa acción. Y quien disminuya el esfuerzo en ese asunto, según la medida de su disminución, disminuirá de él la completitud. Pero la preparación cuyo resultado no sea beneficioso sino a través de una faceta de la misma, la cual será una preparación para el alcance del objetivo principal, en ese caso, según lo que se necesite de ella para el alcance del objetivo principal, así es propicio que sea la medida del esfuerzo puesto en ella; ni más ni menos. Pues si se diminuyera de lo necesario en lo que respecta a ese asunto, la disminución afectará al propio preparativo del objetivo principal. Y si se aumentara más de lo necesario, ese incremento será de balde en absoluto. Y asimismo el segundo tipo, que no es un medio directo para alcanzar el objetivo principal, sino un medio incidental, el cual es un asunto que se necesita para la preparación del cumplimiento de los preceptos, es propicio esforzarse en él según la medida que se necesite para ese fin, no menos, para que no falte preparación, y tampoco más, para que no haya en ello una acción vana. Y el tercer tipo, que no es sino un apoyo para el trabajo, se debe medir de acuerdo con esa misma medida. Pues se debe esforzar en ello únicamente según lo que estuviera asociado al trabajo, y de acuerdo con la medida necesaria para la realización del asunto que apoyará el trabajo. Y lo que se aumente sobre esto no será más que algo innecesario y vano. Con más razón el cuarto tipo, que es absolutamente innecesario y completamente inapropiado, de acuerdo con los principios que ya te he dicho previamente. Y quien se esfuerce en ello se desvía del objetivo principal y se molesta a sí mismo en el alcance de la completitud. Haciendo eso va detrás de un asunto absolutamente vano. Y no tendrá ningún provecho del producto de su esfuerzo que llevará en sus manos al mundo completamente largo, –es decir, el Mundo Venidero.

תלמיד - מה שנראה לי ללקוט מכלל דבריך הוא, שעיקר עיונו של האדם ראוי שיהיה באלקיות, ויעיין בכתבי הקדש ובביאוריהם ל, למה שצריך לבנות עליו בניני העיון באלקיות. « ומאמרי חז ובהיגיון שיעור מה שצריך לדעת דרכי החקירה והלימוד ולא יותר. ובביאור המצות והדינים, מה שצריך למעשה. ובחכמות ההנדסה והתשבורת וזולתם, שידיעתם הכרחית לענינים מן המצות, שיעור מה שיצטרך לדבר הזה ולא יותר. ובשאר החכמות שאין להם ענין לא באלקיות ולא במצות, מה שצריך להם לאיזה טעם של עבדה לבד, ובשיעור המצטרך לפי הטעם ההוא ולא יותר. ומי שאינו צריך להם, אין לו להשתדל בהם כלל, אלא יהיה כובש תשוקתו כמו שכובשה בענין כל שאר המותרות, במאכלים וטיולים וכדומה. :

Alumno:
—Lo que yo veo propicio para retener de todas las palabras que has mencionado es que lo principal de la observación de la persona es correcto que oriente a la Divinidad. Y se

debe observar y profundizar en los Escritos Sagrados, y sus explicaciones, como así en las enseñanzas de los sabios, obteniéndose lo que se necesite para edificar sobre ello la edificación de la observación de la Divinidad. Y, asimismo, en lo que respecta a la medida del esfuerzo que se debe dedicar a los modos de análisis, y el estudio, debe ser lo necesario y no más. Y lo relacionado con la explicación de los preceptos, y las leyes, lo que se necesita para realizar la acción. Y en cuanto a las ciencias tales como la ingeniería o la matemática, o similares, cuyo conocimiento es indispensable para los asuntos vinculados con los preceptos, debe estudiarse la medida necesaria para ese asunto, y no más. Y en cuanto a las demás ciencias, que no están vinculadas con la observación de la Divinidad, o los preceptos, solamente lo que se necesite de ellas para el trabajo, y en la medida que se necesite según esa razón, y no más. Y quien no las necesita no debe esforzarse en ellas en absoluto, sino que debe controlar su deseo, como lo controla en lo concerniente a todos los demás asuntos innecesarios, tales como alimentos, viajes y similares.

רבי - כפתור ופרח, אין להימין ואין להשמאיל מכל אשר דברת,
אך עודני צריך להזהיר לך קצת הזהרות בקצת מן העיקרים האלה.
כי הנה חלק ביאור המצות כבר הראיתיך שהוא אמצעי למקרה
ש, ואם כן ודאי שיהיה « מצד המעשה, אך הוא בעצמו מצוה כמ
יותר ראוי להשתדל בו מהשתדל בחכמות ההם בלא צורך, כי
זה מצוה וזה לא. אמנם על כל פנים לא יגיע ערכו לערך העיון
באלקיות, כי זה יש בו שתים לטובה, דהיינו הלימוד שהוא גם כן

מצוה, ומהות העיון שהוא אמצעי היותר חזק להשגת השלימות. » ,ש והעיון בביאור המצוה אין בו אלא אחד שהוא היותו מצוה כמ אך בבחינת מהות העיון אינו אלא הכנה למעשה, ואם כן יותן לו חלק בהשתדלות יותר משאר הדברים, אך לא יגיע אל השיעור ההשתדלות באלקיות אלא כערך השפל עם העיקרי. עוד צריך שתבדיל בין מי שרבים צריכין לו להורות הוראה, ובין מי שאינם צריכין לו, כי את שרבים צריכין לו, יצטרך להרבות קצת יותר בחלק הזה של ביאור המצות יותר מן האחרים. עוד צריך אני להזהירך בחלק העיון אשר איננו אמצעי כלל, אך שב לעבודה, כי כאן צריך השקפה גדולה לינצל מפיתויי היצר וערמת כזביו, שפעמים רבות עושה לאדם שיטעה הוא אל עצמו ולוקח מן העיונים מה שטעותו נוטלו, ואומר לנפשו זה צריך לי, או זה שב לעבודה, וכונתי לשמים, מזה יצא לי תועלת במדות או בדעות. ואולם אמתת הדבר אינו אלא שתאותו היא הנוטה אותו ואחריה הוא נמשך, ואם יבקש הדבר יראה שאותו התועלת שהוא חושב או אומר או רוצה לומר שילקוט מן העיון ההוא, כבר יצא לו מן העיונים התוריים גם כן אם יעמל בם, ואולי יותר שלם. כללו של דבר, הטוב והרע שניהם נתונים הם לבני האדם. הרוצה שיחיה יבחר בחיים, ואל יטעה את עצמו, ומקרא מלא צווח ואומר, החיים והמות נתתי לפניך ובחרת בחיים למען תחיה. :

Maestro:

—Una esfera y una flor;[5] no se debe apartar a la derecha ni a la izquierda de todo lo que has dicho. Pero aún

---

5. *Véase* Éxodo 25:31-33; esa expresión sigue a esta declaración bíblica:
«Harás un Candelabro de oro puro, con golpe de martillo será hecho
el Candelabro, su base, su pértiga, sus cálices, sus esferas y sus flores
serán labradas a partir de una misma pieza de oro [...] Tres cálices
tallados como almendras en un brazo, una esfera y una flor [...]».

debo advertirte sobre ciertas cuestiones que están vinculadas con esos fundamentos. Pues ya te he enseñado que la parte de la explicación de los preceptos es un medio asociado al aspecto incidental del flanco de la acción, sin embargo, ese asunto es un precepto en sí mismo, como ya te he dicho. Siendo así, ciertamente que es más propicio ocuparse de ello, que esforzarse en otras ciencias innecesarias, pues esto es un precepto, y esto otro no lo es. De todos modos, su valor no llega al valor de la observación de la Divinidad, pues esto tiene dos aspectos beneficiosos, es decir, el estudio, que es asimismo un precepto, y la calidad de la observación, que es el medio más poderoso para alcanzar la completitud. Y la observación en lo tocante a la explicación del precepto, no hay en ello sino uno, que es ser también un precepto, como ya te he dicho. Pero en cuanto al grado de la calidad de la observación, no es sino una preparación para la realización de la acción, y por eso se le ha otorgado una parte mayor en lo tocante al esfuerzo que a los demás asuntos. Sin embargo, no llega a la medida del esfuerzo que se dedica a la Divinidad, sino que se le ha dado un valor como el de una parte baja en relación con lo principal. Además, debes diferenciar entre quien es necesitado por muchas personas, para enseñar la ley, y quien no es necesitado por muchas personas. Pues quien es necesitado por muchas personas, para enseñar la ley, debe aumentar un poco más en la parte correspondiente a la explicación de los preceptos, dedicándose a ello más que los demás. Además, debo advertirte acerca de la parte de la observación que no es un medio para alcanzar el objetivo en absoluto, pero es un apoyo para el trabajo. Pues aquí se necesita una gran visión para salvarse de la seducción del mal instinto, y sus ardides. Pues muchas veces provoca que la persona se equivoque sola, y tome de las observaciones según lo que tomó en su error, y se diga a sí mismo: «lo necesito para mí, o, éste es un apoyo para mi trabajo, mi intención es en el Nombre del Cielo; esto me proporcionará un beneficio para mis cualidades, o conocimientos». Pero, en verdad, su codicia lo hace inclinar hacia ese asunto, y por eso se arrastra tras ello. Y si buscara en el asunto vería que ese beneficio que él pretende obtener, o dice, o quiere decir, que tomará de esa observación, he aquí que también saldría de las observaciones vinculadas con la Torá en el caso en que se esforzara en ellas, y quizá más completo aún. Ésta es la regla general: el bien y el mal, ambos están dispuestos en el corazón de la persona. Quien desea la vida ha de elegir el bien, y no ir por el camino equivocado. Considérese que un versículo completo declara y clama: «Yo convoco al Cielo y a la Tierra hoy para que sean testigos contra ti: he colocado la vida y la muerte ante ti, la bendición y la maldición; y elegirás la vida, para que vivas, tú y tu descendencia» (Deuteronomio 30:19).

תלמיד - הנה הגדלת חסדך עמדי באשר למדתני עד הנה. עתה
הואל נא והודיעני איזה סדר אקח ללימודי למען אצליח. :

Alumno:

—He aquí que has aumentado tu bondad conmigo con lo que me has enseñado hasta ahora. Ahora, dime por favor, cuál es el orden de estudios que debo seguir para tener éxito.

רבי - הנה מה שצריך כל הרוצה להיות חכם בישראל לדעת תחילה,
ג מדות » הוא כ"ד הספרים עם ביאוריהם הראשיים. ואחרי זה י
שהתורה נדרשת בהם, עם כל ביאוריהם, כי הם דרכי התורה
ס עד שידע להבין » שבעל פה. אחר כך צריך שידע לימוד הש
כל הלכה שתהיה על בוריה, וידע דרכי המשא ומתן בקושיות
ובתירוצים. וידע להבדיל בין תירוצי הדחיה ובין התירוצים
האמתיים ובין הקושיות הנעשות להצעה לתירוץ, והקושיות
ס » החזקות והאמיתיות. ואחר שידע כל אלה ראוי שילמוד כל הש
מראשו לסופו, בהבנת לכל פשוטי הסוגיות על בוריין. אחרי כן
ס מראשו לסופו עם מפרשיו, » צריך שילמוד ספר היד להרמב
ע ויראה כל דין שיש » לדעת מוצא כל דין ודין. אחר כך ילמוד הש
ס, או נוסף עליהם יבקש מוצאו בבית » בו חלוק מדברי הרמב
יוסף ויבין טעמו ונימוקו. אחר כך ילמוד כל מדרשי הקדמונים
עד תומם. עוד ילמוד מלאכת ההיגיון והמליצה והשיר עד שידע
אותם, ויזהר ללמוד אותם מספרי המחברים שקצרו בהם. עוד
ילמוד עיקרי ההנדסה התשבורת והתכונה הראשיים עד שידעם,
ושאר החכמות והמלאכות מה שצריך לו ילמוד עד שידעם. ואז
ישים עיקר כל עיונו באלקיות כל ימי חייו. ואולם אין צריך שילמוד
ס ואחר כך המדרשים » ס תחלה ואחר כך יתחיל בהרמב » כל הש
ואחר כך החכמות, אלא יחלק שעותיו ללימודים האלה וירבה
תחלה באותם שכמותם יתר עד שיגמור אותם, ואחר שגמרם אז
יוכל למעט בהם מרגילותו הראשון, רק שיקבע להם שעות לשלא
ישכחם. והמלאכות והחכמות החיצוניות כשידעם יניחם, אך למען
לא ישכחם יחזור עליהן בהפנותו אל בית המים. ויחלק שעותיו
באופן שעיקר עיונו והשתדלותו יהיה באלקיות, ומכל שאר חלקי
התורה לא יניח ידו, אלא ילמוד בהם דבר יום ביומו לחיבובה של
ו: » תורה, וה› יתן חכמה מפיו דעת ותבונה. בילא

Maestro:

—Todo el que desea ser sabio en Israel debe conocer primeramente los veinticuatro libros de la Biblia y las principales explicaciones. Y después de esto, las trece reglas a través de las cuales se analiza y estudia la Torá, con todas sus explicaciones. Pues esas reglas consisten en los caminos de la Torá oral. Después debe aprenderse el Talmud hasta entender cada ley en forma correcta y precisa; y deben conocerse asimismo los caminos de las discusiones de los sabios vinculadas con las preguntas y las respuestas talmúdicas. Y debe saberse diferenciar entre las respuestas que son erradas y las respuestas verdaderas y verificadas. También debe saberse diferenciar entre las preguntas formuladas con el fin de proponer una respuesta, y las preguntas fuertes verdaderas. Y después de saber todo eso, es propicio estudiar todo el Talmud, desde el comienzo hasta el final, de modo que se comprenda cada tema en forma correcta y precisa. Después debe estudiarse la enciclopedia de Maimónides *Iad Hajazaká*, desde el comienzo hasta el final, con las explicaciones, para conocer el origen de cada ley. Después debe estudiarse el Código Legal –*Shulján Aruj*–, y observar toda ley en la que hay diferencia con respecto a las palabras de Maimónides. Y, además, debe buscarse el origen de la ley en la exégesis denominada *Beit Iosef*, para comprender la razón de la ley y su sentido profundo. Y, después, han de estudiarse todas las enseñanzas denominadas Midrashim, de los sabios ancestrales, hasta comprenderlas correctamente. También debe aprenderse el sistema de estudio objetivo y analítico, las comparaciones, y la canción, hasta saberlos correctamente. Y estos asuntos deben ser estudiados de libros cuyos autores sintetizaron las enseñanzas. Asimismo, han de estudiarse los principales fundamentos de la ingeniería, la matemática y la astronomía, hasta saberlos. Y las demás ciencias y oficios que la persona necesite conocer también ha de estudiarlos hasta saberlos. Y entonces pondrá el principal foco de su observación en la Divinidad todos los días de su vida. Y no es necesario estudiar todo el Talmud en primer lugar, y después comenzar con Maimónides, y después los Midrashim, y posteriormente las ciencias, sino que la persona ha de repartir sus horas de estudio en relación con estos asuntos, aumentando en un comienzo aquellos estudios cuya cantidad es mayor, hasta que los culmine. Y después de acabarlos, puede disminuir en ellos, reduciendo su habitualidad inicial. Pero aun así debe fijar tiempos de estudio de esos asuntos para no olvidarlos. Y en cuanto a las ciencias y los oficios exteriores –no vinculados directamente con la Torá–, una vez que los conozca, ha de dejarlos. Pero para no olvidarlos, ha de repasarlos mientras se encuentra en los servicios. Y deben dividirse las horas de modo que lo principal de la observación y el esfuerzo estén puestos en la Divinidad. Y no debe quitarse la mano de todas las demás partes de la Torá, sino que se las debe estudiar todos los días, por amor a la Torá, y El Eterno otorgue sabiduría de su boca, también comprensión y entendimiento. «Bendito sea El Eterno para siempre, Amén, y Amén» (Salmos 89:53).

Apéndice I
Las 13 reglas

Éstas son las trece reglas:

1. Kal vajomer

La expresión *kal* significa 'leve', y la expresión *jomer*, significa 'severo'. Y esta regla consiste en deducir una ley no revelada de un asunto severo –*jomer*–, a partir de una ley explícita de un asunto leve –*kal*.

2. Guezerá Shavá

Se trata de una deducción por comparación de similitudes. O sea, cuando una palabra idéntica es mencionada en dos asuntos diferentes, se aprenden detálles de uno de los asuntos y se aplican al otro asunto.

3. Binián ab mikatuv ejad,
o binián ab mishnei ketuvim

Binián ab mikatuv ejad significa: 'una construcción base a partir de un versículo'. Se trata de una ley mencionada en relación con un asunto específico, que se considera la base, posibilitando que se aprendan del mismo pormenores similares.

Binián ab mishnei ketuvim significa: 'una construcción base a partir de dos versículos'.

4. Klal uprat

La expresión *klal* significa 'generalidad', y la expresión *prat* significa 'particularidad'. Esta regla consiste en deducir una particularidad a partir de una generalidad. Y se aplica a un asunto que fue mencionado en forma general, y que después se lo mencionó en forma parcialmente detallada, entonces se aprende sólo de lo que fue detallado.

5. Prat uklal

La expresión prat significa 'particularidad', y la expresión *klal* significa 'generalidad'. Esta regla consiste en deducir una particularidad de una generalidad.

6. Klal uprat uklal

Significa: 'una generalidad, una particularidad y una generalidad'. Esta regla se aplica cuando un asunto es mencionado en forma general, y después se mencionan detalles del mismo, y posteriormente aparece de nuevo mencionado en forma general, en ese caso se aprende sólo lo relacionado con lo detallado.

7. Una generalidad que necesita el detalle, o un detalle que necesita la generalidad.

En caso de ser mencionado un detalle, y a continuación, una generalidad, o viceversa, de modo que no es posible coger a uno sin el otro, se asocia a ambos para que sean como uno.

8. Cuando un asunto estaba incluido en una generalidad, y salió de la generalidad para enseñar, se considera que no salió para enseñar respecto a él mismo, sino para enseñar respecto a toda la generalidad.

9. Cuando una particularidad estaba incluida dentro de una generalidad, y fue sacada y agregada a otra disposición similar a la generalidad, alivia la severidad del asunto y no lo torna más riguroso.

10. Cuando una particularidad estaba incluida dentro de una generalidad, y fue sacada, y agregada a otra

**disposición diferente a la generalidad, se considera que
fue sacada para aliviar, y para tornar más riguroso
el asunto.**

**11. Cuando una particularidad estaba incluida dentro de
una generalidad, y fue sacada para ser parte de una nueva
ley, no se la puede regresar a la ley general, hasta que la
regrese un versículo en forma explícita.**

Es decir, una generalidad que incluye en su interior varios suce-
sos, y el versículo apartó algunos de ellos, asignándoles una ley
diferente, jamás retornan a la generalidad, a menos que el versículo los vuelva a incluir en la misma en forma explícita.

**12. Un asunto que se aprende de su contexto,
o del final.**

Es decir, un asunto cerrado, cuya ley no está explicita, se la
aprende del asunto explícito próximo a ella. Asimismo, un asunto cerrado, cuya ley no está explicita, se puede aprender su ley de
lo que está escrito al final del mismo.

**13. Cuando dos versículos se contradicen entre sí,
la ley se determina mediante un tercer versículo
conciliatorio.**

Apéndice II
Textos facsímiles

תלמיד : **רבי** ׳ הנה כאיל תערוג על אפיקי מים כן תערוג
נפשי אל הידיעות ואל ההתבוננות ׳ ולכני
נוער באש החמדה והתשוקה ׳ לדעת להבין ולהתחכם ׳ על כן ילאתי
לקראתך לשחר פניך שתחנני ותורני הדרך אשר אלך בה ׳ ותלמדני
ותודיעני מה החכמות אשר ראוי לי לבקש ׳ ואיזה אורח אהלך להשיג
אותן ׳ דבר על בוריו :

רבי : **בני** הלא ידעת כי כל פועל יש לו סבה מעוררת המעירה
אותו לפיעל ׳ וכל פועל ברצון פועל לתכלית מה
באופן שטיקר הלוחו יריס כתכלית ההוא : ואולם בעבורו ירלם
בדברים אשר יכיל או יחשיב כיוהם המלעיים שעל ידם יושג התכלית
ההוא : ועתה אמור נא ׳ מה היא סבה המעוררת אותך לדבר הזה
אשר אתה מבקש ? או מה הוא התכלית אשר תרלה להשיג אותו !

תלמיד : **אמנם** הסבה המעוררת אותי ׳ הוא הלער אשר לגבי
מרגיש מההתערבות אשר נפשי מתערבת
לעמוד על ידיעת הענינים המוכלים לה מן החושים ׳ או העולים
כדמיונם ותכליתי הוא לישב את נפשי ולהשקיע את רוחי כמתפעם
בספיקותיו ׳ ותמרון סענתו :

ר׳ : **היש** לך עוד תכלית אחר עם התכלית הזה יסים שום לו או
עפל אליו !

ת׳ : **כן** אדוני ׳ כי הנה מלבד התכלית שזכרתי מביט אני אל תכלית
אחר ׳ שהוא להיות איש בין האנשים ׳ ואוכל גם אני
לחוות דעי בין מקהלות החכמים ׳ ולא אהיה כיניהם כאבן דומם ׳ או
כחלם לא יפתח פיו ׳ ועוד מחכין אני לשאביר גדולת הבורא ית׳ מתוך
גדולת בריאותיו ׳ ואשבח שמו הגדול על עומק מחשבותיו :

ר׳ : **היטבת** מאד לסדר תכליותיך לפי הדרגתם נרליגך כי אולם
באמת תכליתך הראשון הוא למלוא נחת לרוחך
וטבעה לחמדת נפשך ׳ שהיא הסבה אשר סעיריך ונעטורים נתעוררת
לבקש לך מנוח אשר ייטב לך : ואחר זה תביט נכוונתך להיות לך מסלכס
בין משכילי העם : ואלו לא ידעתיך והכרתיך מאז חפשן ותקרן בעכסך
סיתי אומר סיות זה לך התכלית הראשון והסעיקרי באמת כרינותו בעסקרן
סמענ לרוב שוקרי ללחות כלימודיס ׳ אך כראותי אותך טלם אל
התקילם נטבע ׳ אאמין סיות ישוב ושביעה החמדה בטבעית סולת

דרך חכמה

תכלית עקרית לך · וההבנם נתחברת החכמים · וסיום טוב כיריהם שאי
לו נסרתם · וסב' סיכר נדולה סגיים שאמרת כי סיות זה התכלית
סטיקרי ורושן · והפי' שני אינו מטוי אלא הגל מי שהשיג כנר פנינים
רנים מבחכמה אשר לא השגח להם כדיין · וכנר רהבה הבי · שחסר
לך תכלית ד' כדבר כזה · שאלו כיס לך והזי שלא סריתו יכל להבל
טלמכתו רושן לכל כהתכלית · והולם חבר כוא לך מפני שיכרס דך
סיבה שמפדרך לנכם אותו הגל הני לבלה הגך ולתדיקך את חבר לא
ידעת מד שוולד לך כהתסדדרות כמסר · מיך לם מלוך הנקבא :

ת"י **אמצא** ין נעליך ר' וכוהעהפי לוריהה חיים :

ר' **הלא** ידעח כייתבלית מם שבם סלהזן כ'ם את סלרס מטי'
כוא רק לסיקנם ודשג נעתלו אם כשליומת סלמיתי
שמת כסתוקרב לו יתנרך תכלית כקריבות שאמבר וכתודנק נו תכלים
כדנקות שאמבר : פלומתת סיח' סמנם האת או לו' !

ח" **מאומרת** סיא' הגלי ודרורם · כמעמם תוריות וכריעו
פן ככמונים וקקבגת סיכמם ומעיעות שכליה
כמו כן :

ר' **אם** זה כרוך אלוך כנם לא הסמחסק נ'ב נתוולדם קטולרם מם·
וסיא' שאם כל מיקר פליאותו של סלרס נעמה'ו סוא לתכבלית
כום · סנם רחוי לו סינעג כל ענעיו כלם לסשיג את התכבלית כום ·'
אלא לספריע או לבהות פלמו ממכ שכרי כל ענין מהם שנעמה מן
התכבלית כמלואק נפרעות גמנין סכיא'ל פלוחו יח' · ודי שיטים דבר נגל
כונתו לשיכא רחוי להתרחק ממכו · וסתבונך פוד ותרלם · ביך שהי
כשליומת סלמיתי כוא · כמדר כלומת הסמפסה סכנעם מתמן כנם כו'
טסס מן כמוך · הלם כן ודלו סוח רע סו לפתוות דבר פוהר ונעלבג
וריק שהלוי ורלי לפל משכיל לסור ממנו :

ח" **גם** עם פשוע הגלי · כי נההלי אינו התמעמ כהכמל
לנכם סטרב כ'א לנכם העוב פלמימי · ופל פוס
אבר אינגו המלני לו אינו אלה מוסר ונעל וחתנו מעלם סאב
לפעול אותו :

ד" **אחרי** ביום כל זה מלומם הגלך · סנם תבין תלהי ש
סיתסורדרות פבונם אשר יולד נרלעו של סלרס רל
א שיתקול לתוהם כעולם סתכבלית כום שכברו · כי הם תמביים לתחל

עצם · ואם אין יצווננה: ואולם פעולות האדם ב' מיניס הא' עיון
הב' מעשה: ושניהם צריכים תמיד להיות נרגים על פי סקורים
סואת שאמרנו שהוא להיות מסכימים עם התכלית ותחרים לו:
ולא נוטים ממנו כ"ש כגדיים חליו: והנה הדבר סוף כמשפט ידוע
סוא אין זה המקום והספת להאריך בו· אך הדבר בו בקצרם מה
שצריך ללמוד ממכו כפיופי שהוא הגדון שלנו:

והנה תראה שיש בפעולות האדם מוכרחות ובחיריות כי
יש מה שעבעו מכריח לו או או קיבולו כמדיני ויש
שתלויות בבחירתנו לגמרי: וחכמם כמוכרחות אין בהם עלס· כי
ההכרח לא ישובח ולא יגונה: אמנם כבר אפשר שתמלא בפעולם אחת
כרכבה מהכרח ונחירים· כי עיקר הפעולה יהיה מוכרחי ולופן
עעשותה בחירייי ככולו או במקלתו· ואולם כל מה שמלך סהכרח לא
תמול בו עלם כמו שכתבנו· כי אם כמה שמלך הבחירם: והנה
המשפט הכולל אשר לכל פעולות שמלד סבחירם סהוא שכל פעולם
כמיריית רחוי שתהיה· או קיום מלוס או הכנס לקיום מלוס או הסרת
מניעם לו· וכוסף על זה תנאי שלא יהיס גם ביעול והפרם לשום חק.
מחוקי התורה וסצנודה כשום לד לא כמהות הפעולם ולא כשום מקרם
מסמקריים כמתחבריים לה· ואם לא תהיס הפעולם מא' מסאיים
האלם· או אפי' תהיס מאחד מהם· אך יהיס גם או כמקרם ממקרייה
הפרם חק מתורה רחוי לחדול ממכם· ד"מ כבר יוכל לסיות המעיל
סכנס לעבודם אם ילמרך לאדם כדי להרחיב את דעתו שיסיס מוכן
לסשכיל· אך אם המעיל כמסוחו לא יהיס מן סמוחריס או ככמותו
יסיס יוחר מדלי· או יהיס כתגרת כלתי מהוגגים וכיולא בזה· סרי
סוא מכלל הפעולות אשר לא חתשנה: וסגם כמשפט הפסולות כך
מסתפ סמיונים כלי הפרס כלל· כי כיון שתכלית כל מניני מליאות
האדם כעולם הוא תכלית א' לריך ג"כ שכל מעיניו ילכו מהלך כאגתו
ותסיס מגמתם הגלחתו:

ח'· והנה סארח עיני כמוהד לקחך רני· ואת אשר לא השגתי
דסתי סורחמי: עתה חנני נא כפרטיס כאשר בכלל
הגנתי· ולמדני לשפוע את הסמיונים כלם משפע לדק· על פי
התורה הזאת:

ט'· תחלה לריך אני לסוררך עוד על עיקר אמיתי וכוא
שכמו שבמעשיי כסווכב עיקר גדול· וסיא כנגדרם
את

דרך חכמה

התחבולות עלמה אשר פ"כ מלבד כהדרן סמעשם ילמדך כאיך
מכוונם כך נפילוני כדי שיהיה הענין מתחלטמיים המביאים להשגת
התכלית האמיתי שהגדרנו ב' תכליות ילטרטו לו המין והכוונה דהיינו
שיהיה מין ענין כהביא אל התכלית הום והטים מכוונם בו לבא אל
התכלית הום כ"א הכוונם לא תשיב בו אלא לשגיעת התחדם שאגרם
ברחשונם אפילו אם יהים הענין נפלתו הגבבד שנפיונים הכסיופם
השיבותו ותשפל מעלתו כי כבר ישוב להיות בקשת העורב לא
בקשת הטוב כי הנפש שתלד עלמו סוא טוב הבה הבקשם עליו הינם
מלד טובו הלא תלד עריבותו החכם החרי סיות כבונם פיושרת להשב
את התכלית האמיתי אז יהקר הענין פלמו לכחון אם סניעו כ"א הישפים
אל התכלית יהיה לאחח בו והם לאו לחדול ממנו :

ר' · **בצדק** כל אחרי פיך ואין מקום ללבנו להסחפק
נם :

ר'' **אמנם** מדי ספירים כתחינת יתהפסעם התכלית הרהטם :
סא' הענין שהוה החלעי לסשבת התכלית מלד עלמו :
סב' שאינו החלעי לו מלד עלמו בכל הוה החלעי במקרם : הג
שאינו החלעי לו לא מלד עלמו ולא במקרם אך הוה שב לחתמט
במקרם : סד' שאינו לא החלעי מלד עלמו ולא החלעי במקרם
ולא שב לם כלל : ומהם הבהר לך כל דבר ודבר בטף עלמו :

רהמין כאן הוה השר הוה החלעידמלד פלמו ויהחלק לפיקרי וסגעי
העיקרי סוא שהוחלדם סכולד ממנו מיד סיא הטבח התכלית
והדרבניי הוא שאין השגת התכלית כולדם ממנו מיד אלא אחר כיין
אחד שינא אחריו שהוה הפיקרי שוכרם ומגם סנם הוה ענין שמפין
את סדרך אל משכל ליכנם בתקרבת סטיקרי וסנם סטיקרי אינו
אלא הענין באלהות דהיינו בסתרי ימודז יתי ורומממתו וסלימותו
וההגהגם שהוא מנהג את עולמו וכן סתרי בריאותיו וכונכוחיהם
והעבודם שהטיל על מי שהטיל חסם והשדרת כבודו ושכינתו
ושטע כנוחתו ורוח קדשו וזו הענין אשר בו חלה סהדוק ב"ש
שלימותו של אדם וכום הוא מחקרב לו ומתדבק בו לביקום שלם
וכשיעור מה שישתדל להשיב מן הענין הום כך יהים שפר סלמיותו
שיקנם וסקורבה שיתקרב וסוה מם שלו עליו הגנימים באמרם
וידעת היום והשבות אל לבבך כי פ ס' סוא סאלהים וכו' לע חדי
חלבי חניך ועכדתו כי הם בנאת יתהלל המתהלל השכל וידוע אותי
כך

אחי־תזכור את אשר הזהרתיך על ענין הכונה שאם יהיה־הענין רק
לשניעת הממרים׳ אין זה הענין עיקרי שאני אומר לך עתה׳ אלא
הענין בהלכות בכונה המיוסרת שהיא לעשות כתת רוח לפני יה׳
שגור עליכו שנשתדל לקנות שלימותיכו בענין הזה ונעשה רצונו :
 והסכניי גם זוה־יתחלק לשנים: הא׳ הוה כלל כל הדרישות שצריך
האדם לידע קודם שיכנס לחקירות הענין בהלכסיות והסאותם שעליהם
ננבות הדקירות הזן ׳ והו כלל כתבי הקדש וניחוריהם הסיקריים־
ומאמרי החכמים ז״ל בש״ס והנאגדות כי עליהם נוסדים תקירות הענין
בהלכסיות : והב׳ הוה כלל דרכי החקירס והסכמנת הסעיונים והוא
כליתוד ההגיוני שצריך האדם ללמד נהם את שכלו כדי שיוכל להסבחן
ולחקור מה שצריך לחקור ולהסיג מה שצריך להסיג בהלכסיות : כי
שלת זה לא יוכל להגיע לעולם אל הדריפה סבכונה וסברורים ׳
כאזונן אשר יחסרו לו כלי האומנות׳   שלא יוכל הלי להוציא כל
למעסתו :

ותמין הב׳ סוה אשר איכנו המלפני לתכלית מלד־סלמד חבל־הוא
המלפינלו במקרם׳ ויתחלק גם סוחלפ׳; הא׳ הוא בבחינר
כל־כהנלות וסריגלים בכל שרשיסן ופרטיהסן הראסיים׳ פי־ הלסק שחן זה
בבחינת סיון לא המלפני לתכלית ולא הסכניי לסעין עיקרי־ הבל סוה
סמני להמלפני אחר בלתי עיוני וכיהו מעשה סמלות׳   שגם סוה יחן
מן סהמלסמים לתכלית כמ״ס ׳   והרי זה סיון המלסורך לשיובל הממסם
ליעשות: וסלד זה נמצא גם סוה מכלל סהמלעים ׳   אך בדרך
מקרם כמ״ס :

והחלק הב׳ מן המלסמים במקרס הוא כלל קסת תכמות שלריכים
אנחנו להם לאחם חלק מחלקי מלום או מלות ד״ם
סהלדסם סהשבגורת וסתכוס סנלסורך להם לפיני מלת סעיסורים
וסכלאים וסמתוסין וכיולא :

ח׳ הדרשיני וחשאלך כמה יגדלו ב׳ בחלקים סאלס סמסיס
אותם לב׳ :

י׳ ההבדלים ביניהם מבוחריים: ראסונם כי סנס ביולה
המלות עסקו הוא סין סהוה סלמו המלסי
לתכלית כי הנה כלו סוטב סכל המעסה המלות שהוה המלסי לתכלית
כמ״ס וכמלא שמגמתו סוה ידיעות מה שהוה המלסי לתכליתך׳ חך
הלא סתכמות שוכרנו הין עסקם סין המלסי ענין המלסי הין גמתם לבהר
סנין

דרך חכמה

ענין זה ·   אלא עסקם ומגמתם חלק מחלקי המליאות שאין
ידיעתו מתפלה ומוריד לתכלית הכללי ·   אלא שתשמש ידיעתו לעזר
לא' מעניני המלאות וסעכנודה ד"ם סהכרסם עסקם כוח השיעור והמדה
ומגמתם לנחרז בכל פרטיו ·   התחבורת עוסקת   במספר ·   ומנאחרם
כל פרטיו   וכן כלם ·   הרי שאין עסקם ענין עוזר לתכלית הכללי ·
אלא שידיעתו תועיל לפנין מעניני המליות כמ"ש :   וסהנית כי בימואר
המליות מלבד סיותו סבניי למעשה כוח עלמו קיום מלוס כי לומ
הט"יח להבגות בתורתו כמ"ש ודברת בם וכ'ו ונמלא שהוא בעלמו מלום
לנד מבתועלת סיולא ממנו לקיום כל המלות ·   ונבחינה מזאת הוא
בעלמו המלעי לתכלית ·   לא בנחי' עיון אלא בבחינת מעשה מלוה ·
שהא'לב'ידיעת החכמות שוכרנו· שלאחכו לא נלעמירו להבגות בסם ·
אך ידיעתם סכרחית לנו למה שלריכים אנחנו בעניים מעניני הכהנלס·
וסל'ו בסעולות המוכריחות אשר לנו במקוסם שאלו ינדייך סעדר סכריתם
לא סים לנו להשתרל לעסותם כלל :

ח' · **דבריך** לי למשיב נפס ונכומס לקתך לאחה נותן מענעים
לנפסי :

ר · **אשוב**   פתה להשלים דברי בביואר ד' סמיין שוכרתי
לך :

הבין   כב' · סוא' שאינו המלעי לא מלד עלמו ולא במקרם אך כוח
שב לאמלעי במקרה והוא כלל החכמות והמלאכות אשר אין
להם מנין בהשגת עניני המלות ולא בחקירות סאלטיות הבל כנר
יאותו בומן א' או באיש א' או במקום א' עם התכלית :   ד"ם סכם
מלבד מסכרית אשר לחדס לפרנם את עלמו ·   חובס עליו נ"כ מלד
מסורם שכך למדונו רז"ל ונחברת בחיים ·   וו המשנות :   ואמרו יכול
יסא יושב ונעל ·   ת"ל בכל משלח ידך אשר מכסה :   ועיתם סבוחר נא'
מן סאומניות לסות לו לפרנסה ·   הגם ודאי שלסרך לדעת כל סריעות
סמעורכות לאומנות מהוא' ד"ם מי סיקח לו לאומנות מלאכת סרעואה
סנם ודלי שלסרך לו ידיעת הענבע וסליתוח וסאר סעניים סמלטרכים
לסות ראסם כאומות הזה :   חדם שלריך ללכת בין חכמי הגוים הגם
יאוה לו סילמוד מם סיכבדוהו בעירים וומלא סם סמים מתקדם על
ידו · ובן ובן כל כיולא בוה :

אך הבין   כד' · כוא' אסר אינכו המלעי לא מלד עלמו ולא במקרם
ולא סב לום כלל וסוא כלל הסיונים שאלם מגעים
בהסגנת

צהננת המלות ולא בחקירות האלהיות למי שאינו צריך להם לאלתומבות
ולא לשום עצם אחר של עבודה · אלא להשתוקק בידיעה הזאת מפני
סגוליותת והגונם שמלא בה · וכל הטיולים האחרים ותעכנוגות בני
האדם: הנה באורתי לך מיני סגיולים למדריגתם · והם מבחהצק אותם
בדבר ממה שניארתי לך · שאל :

ח' אין לי ספק בכל דבריך · כי על כולם יעיד הסמיאלות ולא יוכל
להסחפק בהם אלא מי שאין סבהתנמו שלימם

ר' אחר שניארתי לך מיני סגיונים · סני לריך לבחר לך איזה
מהם ראוי לבחור · והאיוס שיעור רחוי לבחורדכם :

והנה זה פשוט שלפי רוב עוז התולדם סיונאה ממעשה מה או מיטופו
כך רחוי להרבות במעשה ההוא או למעטבו · וא'כ בטיון אשר חולכתו
היא הסגת השלימות האמיחי ורהי שרחוי להרבות בו כל מה שאפסר ·
כי כפי השיעור אשר נרבם בו כך יהים שיעור השלמות שנשיג · ולפי
שיפחת מהשתחלות בו · כשיעור מה שיפחות כך ינרט ממנו שלידוד :
אך הסבכניי שאין עוז תולדתו אלא מה שהוא הכנס לעיקרי · הגם
כשיעור מה שילטרך ממנו לתועלה סעיקרי · כך רחוי שיסים שיעור
ההשתדלות בו לא פחות ולא יותר · כי אם יפחות מן הלורך ימלא
צעלמו חסרון הכנס לעיקרי · ואם ירצם פלסלורך הנה הריבוי ההוא
מוחר לגמרי :   והמין סב' כמו כן שאינו המלעי אלא במקרם לסיותו
דבר מלטורך והכניי לקיוס המלות · הנם כפי שיעור מה שנלטרך לו
לקיוס זה הוא שרחוי להשתחל בו · לא פחות שלא תחסר סכנה · ולא
יותר · שלא יהים פועל בטל :   והמין סב' שאינו אלא שב לעצנודם ·
הנה במדה הזאת ימדל גם הוא · שרק בהסיותו לעבודם · וכשיעור
המלטורך לעניין ההוא שנו שב לעבורס הוא שיהא רחוי להשתחל בג ·
וכל יוחר על זה איט אלא מותר ונעל :   כ'ש המין סד' שכלו מוחר
ונלחו רחוי כלל · לפי הטיקרים שהקדמתי לך והמשתחל כן איט · אלא
מענס ומפריט עלמו מן השלימות · והולך אחרי ההבל לגמרי ומאוחם לא
ישא בעמלו שוולך בידו לעולם שכלו חרוך :

ח' מה שנרחה ליללקוט מכל דבריך הוא · שעיקרפיונו של קהלס
ראוי שיסיס האלהיות ויעיין בכתבי הקדש ובביאוריהם
ומאמרי חז'ל למה שלריך לבנות עליו בניני העיון באלסיות וכסיציון
שיעור מה שלריך לדעת דרכי החקירים וסלימוד ולא יומרו · וכביאור
המלות וסעיינס מה שלריך למעשה :   ונתכמות הסגדסם והסתשענות
חולתם

דרך חכמה

מולתם שדישמם סכריית לפניים מן המלות שיעור מם שלשרן
לעבד בם ולא יותר · והשאר ההגחות שאין להם ענין לא נחלסות ולא
במלותם מלריך להם לתיחם פטם של עבודה לכך · ונשיעור המלטרך
לפרפעים חסוא ולא יותר · אף שאינו לריך להם אין לו להשתדל
בםם כללאלא ירטם כובט הסוקחו כמו שכונשם נענין כל שאר סמותרות
במחכליס ופיולים וכדומם :

ר'' בפרטוט ופרח : אין לסימין ואין לסשמאל מכל אשר דברת ·
אך פודני לריך לסוסיד לך קלת סוסאיום כקלת קן
סעיקריס שאלם : כי כגם חלק כיחור המלות פגר סרלויחך שמוא
סשכלי למקרס מלד סטעשם · אך סוא כפעלמו מלוס כמ'ש · ואם כן
ולסא שוטים יותר ראוי לסשתדל כו נחכמות סםם בלא לורך ·
כירם מלוס ומם לא ספגם פל כל פגום לא יגיע סרכו לפרך סעיון
מללסיות · כי זם יש כו שתיס סלעונכם · דסיינו כליחור שמוא ג'צ מלוס
ומסוח ספיון שמוא המלני סיותר חזק לספגח סשלימות : וספיון
בכיחור ספגום אין כו אלא אחד שמוא סיוחו מלוס כמ'ש · אך נכחי'
מסוח ספיון איכו אלא ספגם למעשם · וא'כ יוחן לו חלק נכסחדלות
יותר משאר סדכרים · אך לא יגיע אל סשיעור סספחדלות כאלסיות
אלא כעורך כטפל עם סעיקרי : פוד לריך סתכדיל בין מי שרביס
סריכין לו לסמורות סורסם · ונין מי שאינם לריכין לו · כי לם שרבים
לריכין לו ילמדך · לסרנות קלם יותר כחלק מום של כיחור סמלות יותר
מן סאמרים : פוד מריך לני לסוסירך כחלק סעיון אשר חיכנו לאלפי
כלל · אך מנ לעבודם · כי כאן לריך סשקפם גדולם ליגבל מפיקרי
סלר וערמת כפיו · ספטוטים רנות עוטם לחדם שיטם כואחל
פלמו · ומקחי חן כפיוגים מם שמעוחו כוסלו · ואומר לנפשו זם
מריך לי · אחרום סב לעבודם וכוגחי לשמים : מוס ילא לי קוטלם
במלות לו בדעות : וחולם למחח סדנר חיכו אלא םשלוחו היא
סכנטם לוחו ולאחרים סוא מסך : ולם יבקם סדנר ירלם שחוחו פחזעלם
שסוא חוטב לאולאומר או רולם לוסר שלקוטו מן כעיון סמוא · כנר יצא לו מן
ספיקרים סחוריים ג'כלם יפשל בם · וחולי יוחר שלם :

כללו של דבר · מטוב והרפ מניסם כחוגים מם לבגי סלדם ·
סרולם שיחם יכחר נחריס · וחל ישוטם אם פלמו ·
ושקרא מלא לוות ולחומר כסריס וסמות כתמי · לפגיך · תחרת כסריס
למפגן חחיס :

כגם

חי׳ **הגה** מגלת חסדך עמדי· כאשר למדתני עד הנה: פתם
סולל נא והודיעני איזה סדר אקח ללימודי למען אצליח:

ר׳ **הגה** מה שצריך כל הרוצה להיות חכם בישראל לדעת
תחילה· סוד כ"ד הספרים עם ביאוריהם הראשיים:

ואח"ז י"ג מדות שהתורה נדרשת בהם· עם כל ביאוריהם· כי הם
דרכי התורה שבע"פ: ואח"כ צריך שידע לימוד הש"ס עד שידע להבין
כל הלכה שתאמר על בוריה· וידע דרכי המשא ומתן בקושיות
ותירוצים: וידע להבדיל בין תירוצי הדחקים ובין התירוצים האמתיים
ובין הקושיות הנעשות להבלעם לתירוץ· והקושיות החזקות והאמיתיות:
ואחר שידע כל אלה ראוי שילמוד כל הש"ס מראשו לסופו· בהכנת
כל פשוטי הסוגיות על בורין: אחרי כן צריך שילמוד ספר סדר החזקם
להרמב"ם· מראשו לסופו עם מפרשיו· לדעת מוצא כל דין ודין:
ואח"כ ילמוד הש"ע וירחם כל דין שיש בו חלוק מדברי הרמב"ם· או
כוסף עליהם יבקש מולאו נב"י ויבין טעמו ונימוקו: ואח"כ ילמוד כל
מדרשי הקדמונים עד תומם: עוד ילמוד מלאכת הסגיון והמלילם
ומסדר עד שידע אותם ויוסר ללמוד אותם מספרי המחברים שקלרו
בהם: עוד ילקוד עקרי ההנדסה התשבורת וההחלבונה הראשיים על
שידעם· ושאר החכמות והמלאכות מה שצריך לו ילמוד עד שידעם:
ואז ישים עיקר כל טיוגו בהלכסות כל ימי חייו: ואולם אין צריך
שילמוד כל הש"ס תחלה ואח"כ יתחיל בהרמב"ם ואח"כ סמדרשים ואחר
כך סחכמות אלא יחלק שעותיו ללימודים האלה· וירבה תחלה באותם
שכמותם יתר עד שיגמור אותם· ואחר שגמרם או יוכל למעט בהם
מרגילותו הראשון· רק שיקבע להם שעות לשלא ישכחם: והמלאכות
וסחכמות סחילוניות כסידעם יניחם· אך למען לא ישכחם יחזור
עליהן בספניתו אל בית המים: ויחלק שעותיו כאותן שעיקר טיוגו
ושתדלותו ישים בהלכסות· ומכל שאר חלקי סתורם לא יניח ידו·
אלא ילמוד בהם דבר יום ביומו להינותם של תורם· וס׳ יתן
חכמם מפיו דעת ותבונם:

ו א ל י ב

ב ׃ א ׃

Índice